LA BAILARINA DEL ASTORIA Y OTRAS LEYENDAS

LA BAILARINA
DEL ASTORIA
Y OTRAS LEYENDAS

Cecilia Colón

PLAZA Y VALDES
PyV
EDITORES

Primera edición: 2002

Editado en México por Plaza y Valdés, S. A. de C. V.
Manuel María Contreras núm. 73, Col. San Rafael
México, D. F., C. P. 06470, Tel. 5097-2070
editorial@plazayvaldes.com

ISBN: 970-722-046-5

Impreso en México / *Printed in Mexico*

Índice

Prólogo

$\mathcal{L}$a CRÓNICA, uno de los géneros más antiguos, ha prevalecido en el tiempo, indistintamente de su condición oral o escrita y, tal vez, su cometido más importante siempre haya sido el de transmitir el testimonio de acontecimientos conocidos o atestiguados por el cronista, pero incógnitos para el receptor de la misma. Ése es uno de sus principales atributos: el *yo estuve ahí* pareciera otorgarle valor de credibilidad y carta de presentación frente a quienes no tienen otra manera de conocer ciertos hechos, de no ser por la intervención del narrador. Así, tanto los célebres *Comentarios* de Julio César (a la guerra civil y la guerra de las Galias), como la *Historia verdadera de la conquista de la Nueva España*, de Bernal Díaz del Castillo, tanto los *Diez días que cambiaron el mundo*, de John Reed, como la gélida transmisión televisiva del derrumbamiento de las Torres Gemelas de Nueva York, el 11 de septiembre de 2001, implican que la autoridad del cronista se sustenta en su condición de testigo o participante privilegiado de los hechos que cuenta, sin importar que su instrumento sea la voz, la pluma, el libro impreso, el periódico o la cámara, pues su característica peculiar es la de haber sido, primero, un ojo que vio y registró; después, una voz, una mano o

9

un instrumento dispuestos a dar cuenta de los hechos con supuesta objetividad.

Desde luego, ni el aval de haber sido testigo de algo, ni el instrumento empleado para contar las cosas, ni el punto de vista elegido, garantizan el pleno conocimiento ni la "verdad" del asunto historiado, pues resulta inevitable que la crónica se encuentre ceñida por la condición subjetiva de la persona que cuenta: sus preferencias, la manera en que ordena o desordena el material, los detalles que deja de lado y los que incorpora, sus simpatías y antipatías, la manera de destacar a tal o cual personaje... en este sentido, ni siquiera el registro de una cámara fotográfica o televisiva garantizan la objetividad de la crónica, pues incluso ahí persiste el punto de vista de quien manipula la información: el ángulo de la toma, el acercamiento o alejamiento del objetivo, la ubicación de cámaras y locutores en lugares determinados, cierta tendencia interpretativa... Y, sin embargo, a pesar de lo difícil de narrar con absoluta imparcialidad, la crónica sigue teniendo un valor comunicativo, pues se le atribuye instintivamente la confianza del testimonio: *yo estuve ahí* (es decir, *yo vi, participé, presencié*).

Por razones no muy fáciles de desentrañar, la leyenda ha sido asociada con la crónica, no obstante que, como lo señala el *Diccionario de autoridades, leyenda* es "la acción de leer" y lo mismo que *lección* "se toma también por la historia, u otra materia que se lee". En este sentido, estrictamente, leyenda es todo lo que se puede leer, sea crónica o no; sin embargo, entre esa lectura dieciochesca y la que se adquirió posteriormente, María Moliner ya da como segunda acepción de la palabra la idea de que se trata de una "narración de sucesos fabulosos que se transmiten por tradición como si fuesen históricos", y la emparenta, por tanto, con la conseja, el cuento de viejas, la epopeya, la fábula, el mito y la tradición. Ésa puede ser, por cierto, una de las claves de la contaminación de ambas formas literarias: si algo fabuloso se presenta al lector como si fuera histórico, puede presumirse que la crónica no es sino uno de los disfraces narrativos de la leyenda.

De ser cierta la hipótesis precedente, es posible que crónica y leyenda se hayan contaminado por la necesidad de dotar a ésta de un cierto aire de realidad, así sea para, de manera artificiosa, tratar de hacerla aparecer como algo que pudo ser posible, ya sea por proceder de una tradición oral o porque el autor de la leyenda pretende colocarse en el papel del cronista, es decir, como testigo privilegiado de los hechos, por testimonio directo o porque "así se lo contaron", recurso que tiende a reforzar la verosimilitud de lo contado. En la historia reciente de las leyendas no es inusual, por tanto, que sus autores entremezclen relatos que provienen de tradiciones orales regionales con otros inventados por ellos, a partir de un estilo que pretende dar autenticidad a sus fabulaciones: así hizo Ricardo Palma con las *Tradiciones peruanas*, y así hicieron Artemio de Valle-Arizpe y Luis González Obregón, dos escritores que creyeron encontrar en el pasado colonial mexicano una rica fuente para recrear e inventar historias con fuertes acentos arcaizantes en su lenguaje, lo cual los volvió extremadamente afectados en su expresión escrita.

Cecilia Colón, creadora de posibilidades históricas, no desdeña la referencia a relatos que provienen de la tradición oral ni a crear ella misma sus propias invenciones. Así, con *La bailarina del Astoria y otras leyendas* se inscribe dentro de esa breve tradición literaria que busca ciertas atmósferas para persuadir al lector de que lo que está contando, si no es cierto, tiene visos de factibilidad: su lenguaje adopta máscaras estilísticas diversas que viajan de la primera a la tercera persona, o se inclina por modos arcaizantes, o se apodera de maneras más sueltas para contar la materia de sus narraciones. Cecilia Colón es, entonces, una escritora que pretende colocar sus relatos en el umbral de lo verosímil y, para ello, no duda en recurrir a descripciones de calles y personajes reales, a ciertos reflejos góticos (apariciones sobrenaturales, ruidos inexplicables, casas o calles en las que el temblor de lo casi insólito puede estar acechando a los protagonistas).

Las veinte leyendas que configuran el libro recurren, además, a connotaciones claramente mexicanistas, no sólo por los espacios donde se desarrollan, sino por alusiones a colonias, casas, calles y personajes (como el *nahual*), y porque aprovecha el tenebrismo religioso para dar soporte a otras de ellas; además, las leyendas colombinas agregan el interés de estar ambientadas en distintos tiempos, pues algunas se remiten a principios del siglo XX, otras tienen una relación más clara con siglos antepasados y unas más se desarrollan en el México contemporáneo: la autora no sólo revela instinto para contar, sino que se muestra como buena lectora del género y, en cierta medida, como una escritora dispuesta a renovar algunos aspectos de la leyenda al despojarla de su tradicional vínculo con el ambiente novohispano.

Es previsible suponerlo: Cecilia Colón es una apasionada bibliófila, coleccionista de libros antiguos (particularmente de ediciones de sus amados colonialistas: Juan de Dios Peza, Luis González Obregón, Artemio de Valle-Arizpe), asidua visitante de las librerías de viejo en el Centro de la ciudad de México, caminadora infatigable de sus calles y, por si fuera poco, es de las personas que disfrutan del arte de la conversación, dispuesta a desgranar muchas horas en un ejercicio de tertulia que ya se va perdiendo; asimismo, su vocación literaria se puede corroborar con el tiempo que dedica a escribir, lo cual la ha dotado de un estilo sabroso e invitador, como un buen chocolate de los que no hubieran faltado en las tertulias de, por ejemplo, sor Juana.

No es de extrañar, entonces, que el conocimiento que la autora tiene de la ciudad y sus calles se refleje en un itinerario ofrecido por *La bailarina del Astoria y otras leyendas*, mismo que el lector debe desentrañar: salvo dos o tres relatos ambientados fuera de la ciudad de México, los demás ofrecen una suerte de recorrido que inicia en ciertos barrios del Norte y se dirigen hacia el Centro, pero hay desviaciones y excentricidades, una suerte de diagrama geográfico que resultará placentero descubrir a quien se sumerja en la lectura de este libro. Ese mapa urbano, multitemporal, no sólo sugiere figuras que se pueden trazar sobre una cartografía capitalina, sino que va revelando las preferencias, las deambulaciones y los amores citadinos de Cecilia Colón. Quien lea estas leyendas no sólo será seducido por la prosa extendida en ellas, sino que deberá admitir a Cecilia como una peculiar cicerone que lo conducirá hacia lugares inesperados. Al final, después de saborear los paseos que ella tiene preparados para su lector, no exentos de sobresaltos y felicidades, se tendrá la íntima convicción de que, también, se ha obtenido un vivo retrato de la autora.

Enrique López Aguilar

Introducción

¿Qué pasa con las leyendas?

Es lo que mucha gente se pregunta: ¿qué sucede con este género literario que ha sido tan olvidado últimamente? Quizá los escritores lo han hecho a un lado en sus obras por interesarles más otros géneros que retratan la realidad que vivimos en la actualidad. Pero la gente no puede evitar dejarse envolver por la magia y el misterio de este género literario cuando alguien cuenta una leyenda en las charlas de sobremesa de un tranquilo domingo o durante una cena informal, pues la noche es la mejor hora para hablar de aparecidos y fantasmas, dejando volar la imaginación en medio de la penumbra que rodea a cualquier noche de esta gran ciudad. No es fácil sustraerse al embrujo de estos relatos que antiguamente se contaban al calor de una chimenea o teniendo como escenario una fogata en medio del campo, cuando nuestra ciudad aún no era el monstruo en que se ha convertido y todavía se podían planear días de campo por las barrancas de Tacubaya, los bosques de San Ángel o a la orilla de ríos, como el Consulado. En esas épocas remotas y en esos ambientes, estas historias eran más creíbles y mucha gente juraba haber visto espantos o aparecidos, quienes, a cambio de misas, oraciones y veladoras, prometían otorgar el dinero enterrado o las joyas que resguardaban tan celosamente a quien cumpliera con esta manda. ¿Cuántas historias de este tipo han existido? ¡Imposible saberlo! Lo único cierto es que aunque no se crean, siempre queda la duda de si pueden o no ser ciertas.

No obstante, poca gente se ha puesto a reflexionar sobre el origen de estos relatos que han perdurado pasando de generación en generación, de boca en boca, y han llegado, afortunadamente, hasta nuestros días. Los estudios de literatos, filósofos, antropólogos, historiadores y sociólogos, llevan a la conclusión de que es la tradición oral la génesis de este género literario, es decir, la leyenda es la descendiente más directa de toda esta herencia que nos dejaron los antepasados de pláticas que se transmitían de padres a hijos. Posteriormente, estos relatos orales comenzaron a escribirse y fue aquí cuando adquirieron el nombre de *leyenda*, que significa en latín: *lo que se lee*. Obviamente, esto fue un proceso que tomó mucho tiempo, siglos en los que se fueron dando las características que pertenecen exclusivamente a las leyendas y que les otorgan ese toque tan especial que seduce a quien las escucha o las lee.

El antecedente más antiguo que se tiene de la leyenda fue en Europa, en el siglo XIII, cuando un fraile, Jacobo de la Vorágine, decidió escribir las vidas de los santos para que la gente pudiera leerlas y, de esta manera, influir en el ánimo de los fieles para que siguieran el santo ejemplo. Lo interesante de ese hecho fue que la recopilación que se llevó a cabo, llamada *Legenda Aurea*, dio pie para escribir relatos en donde un hecho sobrenatural fuera lo más importante de estas narraciones. De aquí que la historia, propiamente dicha, mezclada con hechos fantásticos dio como resultado la leyenda.

Sin embargo, no hay que confundir a la leyenda con el mito; este último se refiere a la explicación que los primeros hombres buscaron sobre los orígenes del mundo, de los fenómenos naturales e, inclusive, sobre la aparición del hombre en esta tierra; por lo tanto, en muchas ocasiones no tiene nada que ver con historias reales ni verídicas, sino con la imaginación de nuestros antepasados, con lo que ellos creían que sucedía. Por este motivo, nos dan una visión muy interesante de sus temores y sus creencias.

La leyenda no sólo es un género literario en sí; a través de ella podemos conocer la realidad que se vivía en una época determinada, las tradiciones que había, las creencias que la gente tenía, sus costumbres, en fin, todo lo que rodeaba a una época definida. Nos brinda el retrato de un momento histórico en forma de relato corto, de anécdota, como una manera didáctica de aprender lo que es la historia sin recurrir a la pesada erudición de libros y legajos antiguos.

México es un país rico en leyendas y relatos que han sobrevivido al paso de los siglos, pues nos vienen desde la época prehispánica, como es el caso de "La Llorona", quien al grito de "¡Aaayy, mis hijos!", erizaba la piel de todos los que la escuchaban. Sin embargo, fueron la segunda mitad del siglo XIX y la primera del siglo XX los periodos en los que más leyendas se escribieron. Esta situación no es casual, coincide con el momento en que el Romanticismo cobra gran fuerza, convirtiéndose en la corriente literaria que influyó de manera determinante en nuestro país y en la vida de mucha gente.

El siglo XIX se caracterizó, además, por ser caótico y marcó el final de una época de trescientos años: el Virreinato. A nivel político, nuestra independencia originó un enorme desorden, no olvidemos que los cambios de gobierno estaban a la orden del día. En ese siglo, nuestro país sufrió dos invasiones extranjeras: la francesa y la norteamericana. Tuvimos gobernantes militares, como Antonio López de Santa Ana; otros civiles, como Benito Juárez; monarquías, como el Imperio de Agustín de Iturbide y el de Maximiliano de Habsburgo y, como remate, más de la mitad del Porfiriato. Ante esta situación tan inestable, era lógico que la gente que había vivido la aparente calma y tranquilidad del Virreinato, volviera sus ojos a él en busca de recuerdos y tiempos mejores. Quizás el Romanticismo fue el principal responsable de haber idealizado una etapa histórica que sólo benefició a unos cuantos y hundió a la mayor parte de nuestros indígenas y mestizos. No obstante, el ambiente de la Santa Inquisición y de la Colonia en general, fueron los ideales para comenzar a escribir las nacientes leyendas, dándoles el toque del elemento sobrenatural, sin importar si detrás de él estaba Dios o el Diablo.

Es en este momento cuando Vicente Riva Palacio (1832-1896), Juan de Dios Peza (1852-1910) y Luis González Obregón (1865-1938), por mencionar sólo a los más destacados, se dieron a la tarea de recopilar estos relatos en diferentes libros que han llegado hasta nosotros. Todos ellos se preocuparon por dejar escrita esa parte de la historia anecdótica y ligera que sólo se escuchaba en labios de los viejos o sobrevivía a los siglos a manera de consejas y tradiciones. No hay que olvidar que Vicente Riva Palacio tuvo a su alcance uno de los archivos más ricos e importantes de la Colonia y fue él quien escribió el tomo II de *México a Través de los Siglos*, dedicado al Virreinato, y junto con Juan de Dios Peza escribió las *Leyendas y Tradiciones Mexicanas* en verso. A su vez, Juan de Dios Peza escribió *Leyendas Históricas, Tradicionales y Fantásticas de las Calles de México*. Posteriormente, don Luis González Obregón escribió dos libros en los que recopiló una buena parte de las tradiciones y las consejas de aquella época: *México Viejo* y *Las Calles de México*. El último autor que también se interesó sobremanera en este tema fue Artemio de Valle-Arizpe (1884-1961), cuyo libro *Historia, Tradiciones y Leyendas de Calles de México* nos muestra una buena antología de este género.

Estos autores comparten ciertas coincidencias: todos nacieron en el siglo XIX, se conocieron entre sí, aunque en diferentes momentos, los más viejos influyeron en los más jóvenes. De hecho,

Artemio de Valle-Arizpe fue uno de los principales promotores de que la calle de la Encarnación cambiara su nombre por el de Luis González Obregón, en vida de este erudito historiador y cronista de la ciudad de México que vivía allí; todos se interesaron por la Época Virreinal, por mostrarla a las nuevas generaciones de la forma que ellos dominaban: la leyenda.

Más tarde, este género literario se abandonó casi de manera definitiva con el paso de los años durante el siglo XX. La forma de vida y el extraordinario avance en este tiempo de la tecnología, han ayudado a que estos relatos se releguen y, lo peor, ya no se crea en ellos, sin embargo, su encanto es tal que muchas de las nuevas generaciones de jóvenes todavía escuchan atentos el decir de alguien que les cuenta lo que ocurrió allá por el siglo XVI o XVII en la calle de don Juan Manuel, aquel que preguntaba cada noche "¿Sabe su merced qué hora es?", o *La Calle de la Mujer Herrada*, sobre la amante del clérigo que, convertida en mula, fue herrada por el compadre del sacerdote.

Ahora bien, ¿por qué le damos tanta importancia a las leyendas? ¿Por qué la gente escucha tan atentamente a quien le relata alguna anécdota en donde lo más importante es el hecho sobrenatural: la casa donde espantan, el aparecido que vaga y se deja ver en las noches o en determinadas fechas, los ruidos que se acentúan durante la obscuridad de las horas? ¿Por qué no nos podemos sustraer al influjo de esta clase de relatos? La respuesta es, aparentemente, sencilla: nos fascina el misterio, la magia, todo aquello que no tiene una explicación lógica, no importa si se trata de Dios, el Diablo, un alma en pena o los ruidos que hace el viento sin que nos demos cuenta. Precisamente, este elemento sobrenatural es lo que hace de la leyenda algo único dentro de los demás géneros literarios.

Aumentar el acervo de estas leyendas antiguas con relatos que suceden en la actualidad, es parte de la tarea de quien se dedica a estudiar, observar y vivir esta ciudad que todavía tiene muchos secretos, que todavía nos sorprende al caminarla. Si damos vuelta en alguna esquina del Centro y entrecerramos los ojos, podemos imaginar que los coches no existen, que escuchamos el ruido monótono del trotar de los caballos por esas calles empedradas y que en cualquier momento vamos a ver al virrey que se dirige a Palacio o a los miembros del Santo Oficio rumbo al Quemadero de San Diego (hoy Pinacoteca Virreinal). Pero si caminamos por la noche, cuando las calles descansan de gente, autos y vendedores, si dan las doce en el campanario de Catedral, tal vez nuestra sorpresa sea mayor y nos encontremos a personajes más interesantes que se van con el viento y cuyo paso nos deja escalofríos en la piel, entonces, podemos pretender que nuestra ciudad revive en otra dimensión y que las leyendas cobran vida en esas noches donde el misterio sale de su escondite y nos lleva de la mano por las calles que todavía tienen una historia antigua, que las prisas del mundo moderno, a veces, nos impiden apreciar.

Cecilia Colón

El que no regresó

amás me alcanzará la vida para describir la angustia y el horror que invadió mi alma al abrir aquel cofrecillo de metal...

Todo comenzó una mañana española de abril, cuando conocí en misa de ocho a doña Beatriz, con su dulce rostro escondido celosamente bajo aquel manto bordado por sus delicadas manos. La miré sólo una vez y quedé prendado de su hermosura y de aquellos ojos grandes y negros como dos capulines. Dime cuenta con gran alegría que yo tampoco le era indiferente, pues descubrí una suave sonrisa en sus labios a través del manto que trataba inútilmente de ocultarlos. Al terminar la misa, seguíla con discreción y supe dónde vivía aquella flor de primavera.

Durante algunos días dediquéme a espiarla y a conocer las horas de sus salidas. Provoqué nuestros encuentros en la iglesia hasta que un día mi atrevimiento me llevó a dirigirle un saludo, que ella correspondió con un leve movimiento de cabeza.

Sobornando con unas monedas a su aya, hícele llegar una carta en la que le confesaba el intenso y profundo sentimiento que había despertado en mi corazón. Fue entonces cuando conocí la música de su voz y vi de cerca su nacarado rostro sin velo alguno.

21

De sus labios supe que vivía únicamente con su madre, pues su padre había muerto cinco años ha y sólo habíales dejado como herencia la casa que habitaban. Yo tampoco era ningún rico hidalgo, pero ofrecíle mi corazón y mi amor, más grandes que cualquiera fortuna de este mundo. Y ella los aceptó como la mejor riqueza que hombre alguno pudiera darle.

A partir de ese día, casi todas las noches me apostaba en su balcón y platicábamos de nuestro amor, hacíamos planes para nuestro futuro una vez que estuviésemos unidos. Todo esto, mientras yo sostenía entre mis manos la de ella, que ya habíame prometido no darle a otro hombre que no fuera yo.

La luna era muda testiga de nuestras promesas de amor y de los besos que pude arrebatar a sus virginales labios cuando ella fingía descuido.

Pero un día quiso el destino que todo cambiara.

Valentín del Villar, mi tío, invitóme a ir con él a buscar fortuna en las nuevas tierras. Atraído por la aventura, el riesgo y la riqueza, que me ayudarían a casarme más pronto con doña Beatriz, acepté gustoso la invitación y comencé a preparar mis escasas pertenencias para partir lo antes posible.

La noche anterior a mi viaje, visité a doña Beatriz por última vez y, entre lágrimas silenciosas, abrazóme fuertemente a su pecho y nos besamos con todo el ardor de nuestros años mozos. Tomé su delicada mano y la besé sin dejar de mirarla a los ojos. Ella volvió a jurar que me esperaría fielmente para darme esa mano que tanto acariciara. Regalóme su pañuelo bordado y perdíme entre el silencio de la noche y las sombras de la obscuridad, sin volver el rostro, pues sentía sobre mis espaldas la mirada triste de mi adorada Beatriz.

A la mañana siguiente, muy temprano, zarpamos mi tío y yo en un bergantín, mientras le lanzaba los últimos suspiros a mi amada, todavía en tierras españolas.

Después de varias semanas llegamos a Veracruz y de allí a Guanajuato. Era mucho nuestro entusiasmo y más mi prisa por hacerme rico y cumplir mi compromiso con doña Beatriz.

Quiso la fortuna que, andando por esos caminos de Dios, mi tío y yo encontráramos una mina y de la noche a la mañana nos volviésemos ricos. La fiebre del oro se apoderó de nosotros y compramos haciendas y propiedades. Comenzamos a ser invitados a los bailes que organizaban los nobles de la ciudad y en uno de ellos conocí a doña Inés de Cerralvo, hermosa como un sol y de buena cuna. El mar de sus ojos atrajo mi corazón y pronto sentíme invadido nuevamente por el amor. ¿Que qué había sucedido con doña Beatriz? Mi mente traidora ni siquiera le dedicó un pensamiento. Todo mi mundo giraba en torno de doña Inés.

Allá en España, doña Beatriz seguía hilvanando los días y los meses esperando pacientemente mi regreso. Todas las noches veíanle asomar al balcón con la esperanza de verme llegar por la calle, sin que sus sueños se vieran coronados nunca con la realidad.

Pasó el tiempo y seguí cortejando a doña Inés hasta que pedí su mano, poniendo a sus pies mi fortuna, haciendas y minas. Su familia no puso el menor reparo en que nos casáramos y así sucedió. Nuestra boda se llevó a cabo con pompa y lujo, como correspondía a nuestra clase. Y fue en ese momento cuando el fugaz recuerdo de mi prometida española acudió a mi mente. Sin embargo, supe acallar mi conciencia y mis remordimientos, pues amaba sinceramente a doña Inés y el recuerdo de doña Beatriz fue sólo eso y nada más.

Nuestra unión se vio bendecida pronto por el anuncio de nuestro primogénito y yo me sentí el hombre más feliz del mundo, pues todos mis sueños se convertían en realidad poco a poco.

Mientras tanto, allá en España, doña Beatriz no dejaba de rezar y de llorar inútilmente, pidiendo a Dios por mi feliz retorno. Unos amigos de su madre que acababan de regresar de estas nuevas

23

tierras, les visitaron y les dieron la noticia de mi gran fortuna y mi feliz matrimonio. Doña Beatriz apenas pudo disimular el malestar que sintió y no escuchó ya nada de la conversación subsecuente. Desde ese día, su llanto se tornó desesperado y su cuerpo se fue secando como una flor, hasta que una noche de invierno cerró sus negros ojos y, con mi nombre en los labios, dio su postrer adiós a este mundo.

Yo nunca me enteré de tan funesta noticia. Al poco tiempo estaba ansioso esperando un pedido de ricos tapices que debía llegarme por esos días. Los tapices llegaron junto con una pequeña caja de madera bien remachada. En su interior había un cofrecillo de metal herméticamente sellado, que llamó de inmediato mi atención. Intrigados por su contenido, mi esposa y yo lo abrimos y lo que vieron mis ojos jamás podré olvidarlo. Allí, frente a mí, estaba la mano de doña Beatriz, aquella que yo acariciara y besara con tanto ardor y que ella me prometiera fielmente. Doña Beatriz cumplió su palabra dándome, con esto, una lección de honorabilidad.

Desde ese día, vive mi alma atormentada y no encuentro la paz para mi espíritu infiel, que olvidó tan prontamente su promesa de amor.

Benditas ánimas

o, no puedo decir que sea cosa de espantos. Más bien fue algo que no puedo explicarme y prefiero no entrar en recovecos. Mi madre estaba muy grave, tenía cáncer en fase terminal. Mi hermano Javier y yo sabíamos que su fin se acercaba con rapidez. Yo digo que ya estábamos resignados, aunque en el fondo del corazón nunca se apaga la llamita de la esperanza de un milagro. Esa tarde platiqué con ella (ahora sé que fue como una despedida). Estaba serena, con ese bienestar que antecede a la muerte. La vi tan bien que hasta hubiera jurado que se estaba reponiendo. Se encontraba internada en el Hospital de La Raza, así que las visitas eran limitadas por un horario y por una ficha que debía intercambiar con mi hermano. Sin embargo, traté de estar lo más posible con ella.

Regresé a casa, en la colonia Santa María la Ribera, un poco más calmado, menos angustiado que en los días anteriores. La serenidad de mi madre me había hecho bien y logré conciliar el sueño. Sin embargo, cerca de la medianoche sonó el teléfono. Levanté la bocina con el corazón casi en la boca: temí una mala noticia. Era la voz de una mujer que me avisaba que mi madre estaba muy grave y que fuera a verla. Inmediatamente llamé a Javier y quedamos de vernos a la entrada del hospital. Llegamos casi juntos. Allí, un hombre nos preguntó a quién íbamos a visitar. Le dije que nos habían hablado y el nombre de mi madre. Él revisó la lista que tenía en las manos. Los nombres estaban escritos con letra grande, así que pude ver algunos hasta dar con el de ella y nos dejó pasar. Sólo nos pidió que no hiciéramos ruido, pues los enfermos estaban dormidos.

Obedientes, Javier y yo subimos en silencio hasta el cuarto de mi madre, siempre acompañados de un murmullo que parecía salir de las paredes, de las puertas, pero nunca vimos a nadie.

Mi madre estaba en su cama, como dormida. Al sentirnos, despertó. Una pálida y dulce sonrisa llenó su semblante y esto calmó mi nerviosismo. Hablamos de muchas cosas, menos de su enfermedad. De pronto, ella cerró los ojos suavemente, su respiración se hizo más débil hasta que lanzó un suspiro y terminó.

Verla morir con tanta tranquilidad nos hizo más llevadero el momento. Sin embargo, eso no evitó que las lágrimas escurrieran por mi rostro. Javier y yo nos quedamos a su lado no sé cuánto tiempo, creo que fue una eternidad. La noche, necia, no se iba; estaba como detenida.

Ahora venía lo más terrible: los trámites burocráticos y engorrosos.

Bajamos a avisar, sólo que esta vez no escuchamos el murmullo que nos acompañó al llegar. Había un silencio pesado, denso y hasta molesto. En la recepción, la enfermera se asombró al vernos.

—¿Quién les autorizó la entrada a estas horas?

—¿Cómo quién? —le respondí sorprendido—. Ustedes me llamaron para avisarme que mi madre estaba muy grave, señorita; por eso mi hermano y yo estamos aquí.

—Pero, ¿quién los dejó pasar?

—Un señor alto, muy delgado, moreno. Le dijimos a lo que veníamos, revisó su lista y en cuanto encontró el nombre de mi madre, la señora María Concepción Rodríguez, nos dejó entrar; es más, también vi que estaba en la lista la señora Socorro Verti o Verdi, no me fijé bien.

—Lo que me dice no puede ser posible —dijo la enfermera, muy seria—, la señora Socorro Verti murió antier y tengo el reporte de que la madre de usted falleció hoy a las once treinta de la noche, hace una hora exactamente.

Javier y yo nos miramos. Sentí que algo pesado me oprimía la cabeza, pero ya no pregunté más. Traté de contener el golpeteo de mi corazón y mientras contestaba como autómata las preguntas que me hacía la enfermera.

Desde ese instante, el tiempo pasó junto a mí convertido en una vorágine de pésames, flores blancas, el panteón, rosarios y el recuerdo de esa noche inolvidable.

Ahora, luego de algunas semanas, mi hermano y yo platicamos sobre lo que sucedió esa noche. ¿Qué fue exactamente lo que pasó? No lo sabemos. Lo único que sé es que cuando era niño veía que mi madre rezaba todos los días a las Ánimas del Purgatorio, pidiéndoles por ella y por nosotros.

El contrato

Eusebio regresaba aquella madrugada envuelto por la proverbial obscuridad decimonónica de las callejuelas de la ciudad de México. Venía junto con sus músicos, luego de tocar en una fiesta. Avanzaban con mucho cuidado, guiados tan sólo por la luz de la luna. Pero en algunas ocasiones ni ella les prestaba un poquito de su luz y tenían que hacerlo casi a ciegas.

Eusebio era sastre de oficio, pero sabía tocar muy bien la guitarra que le heredó su padre. Junto con su hermano Juan y sus primos Filemón y Raimundo habían formado un cuarteto que amenizaba las fiestas y las reuniones, lo que significaba una entrada extra de dinero para la familia, muy útil para él en esos momentos en que acababa de comprar un terreno por Santa Julia y comenzaba a fincar conforme sus ingresos se lo permitían.

Ese sábado en la noche, los cuatro músicos regresaban luego de haber alegrado una cena en la calle de Plateros, cerca del Zócalo de la ciudad. Venían por la antigua calle de Puente de Alvarado, comentando los detalles para acortar el camino, pues hasta Santa Julia era largo y como que la luna no quería alumbrarlos, a veces les sonreía y a veces se escondía. De pronto, vieron a lo lejos una lucecita roja que se encendía y se apagaba. Al principio, apenas se distinguía entre tanta negrura, pero después la vieron con más claridad, más cerca, como si caminara flotando hacia ellos.

—¿Ya viste, hermano? —dijo Juan a Eusebio muy despacio—. Parece un ánima.

—¿Cómo crees? Se me hace que ya se te subió el vino que te dieron en la cena, Juan.

El tiempo disminuyó la distancia y al fin supieron el origen de aquella extraña luz.

—¡Es un señor con un puro! Qué sustote te metió, ¿verdad, Juan?

Efectivamente, la pequeña lumbre del puro se intensificaba cuando el hombre daba una fumada.

Los cuatro guardaron silencio al ver que se acercaba apresurado aquel hombre regordete, de escaso cabello blanco y respiración agitada.

—¡Bendito sea Dios que los pone en mi camino!

—¿Se refiere a nosotros, señor? —preguntó Eusebio muy sorprendido.

—Por supuesto, ustedes son músicos, ¿o no?

—Así es, ¿para qué somos buenos?

—Necesito que vayan a tocar por Popotla, precisamente salí a buscar unos músicos y ustedes me salvaron de peregrinar hasta Dios sabrá dónde en busca de un conjunto.

—Pero, ¿ahorita? Ya es un poco tarde —dijo Eusebio.

—No importa, se trata de un velorio, así que tienen trabajo para rato.

Rápidamente, el sujeto sacó una pequeña hoja doblada.

—Miren, ya venía preparado con la dirección del lugar.

—¿Llegamos así nada más? ¿Quién decimos que nos manda?

—Digan que don Hilario los contrató, aquí les doy un adelanto para que se animen a llegar y no se me echen para atrás.

—¿Usted no viene con nosotros?

—Tengo que hacer otra diligencia, pero yo los alcanzo en un ratito, no me tardo. Adelántense, que a lo mejor llego antes que ustedes.

Sin dar pie a más comentarios, el bonachón siguió su camino con paso rápido, perdiéndose en la leve bruma nocturna.

—¿Cómo la ves, Eusebio? Yo ya quería descansar.

—Ni modo, primo, ya nos contrataron y yo creo que la paga va a estar buena. Vámonos para ganarle a don Hilario, que ahora el camino es más largo.

El conjunto se apresuró y rato después llegó a una vieja casona en el barrio de Popotla, exactamente donde don Hilario les había dicho.

Con cierta timidez, Eusebio tocó la puerta y una amable señora, vestida completamente de negro, los recibió.

—Buenas noches, venimos a tocar por encargo de...

—¡Alabado sea Dios que los mandó! Creíamos que nos íbamos a quedar sin música y ésa fue la última voluntad del difuntito —explicó ella, mientras los invitaba a pasar.

—Pues sí, fue una coincidencia que nos encontrara el señor en el camino.

—Usted lo ha dicho, los caminos del Señor son infinitos. Acomódense donde puedan y comiencen con los valses que tanto le gustaban a mi Hilario.

—Precisamente fue don Hilario quien nos mandó, señora.

La palidez afloró en el redondo rostro de la mujer, quien no dejaba de verlos con los ojos bien abiertos.

—¿Qué está diciendo? ¡Eso no puede ser!

—No la engaño, señora, pregúntele a mis primos y a mi hermano, nosotros veníamos de Plateros cuando él...

—¡Dios mío! ¡Mi Hilario está muerto!

El grito rompió el silencio con brutalidad. Los músicos y los dolientes se quedaron perplejos. Aquello era una confusión.

—Usted perdonará, pero creo que se equivoca, señora. Don Hilario nos contrató y lo vimos como la estamos viendo a usted, no puede estar muerto.

Ella misma los condujo al féretro y dentro de él vieron al mismo hombre que poco antes les diera unas monedas de oro en señal de compromiso. Allí estaba, con el mismo traje negro y la expresión bonachona que ni la muerte pudo quitarle. Instintivamente, Eusebio metió su mano a la bolsa del pantalón y tocó las monedas.

—Yo... no sé qué decirle —balbuceó el músico entre dientes.

El silencio comenzaba a aplastar los ánimos de todos los dolientes.

—Por favor, toquen algo... con más razón si él mismo los contrató.

Dicen que cuando los difuntos dejan pendientes en este mundo, no pueden descansar como Dios manda hasta que los arreglan, generalmente ellos mismos. El caso es que don Hilario nunca volvió a perturbar la tranquilidad de nadie en las noches con su presencia ni con la tenue luz de su puro encendido.

Las líneas del tiempo

Es una casona ubicada en la Cerrada de Tonantzin, en la Tlaxpana, esa colonia cuyas calles recuerdan a los dioses aztecas: Tláloc, Quetzalcóatl, Cacamatzin. La casa es grande, de un solo piso y con un enorme jardín en la parte de atrás. El fresno que le da sombra en tiempos de calor tiene muchos años, pero nadie le lleva la cuenta. Los vecinos más ancianos dicen que sus padres ya conocían el árbol cuando llegaron allí, a fines del siglo pasado, cuando aquello no estaba aún fraccionado.

Sin embargo, esa casona tiene algo. Cuando Rodolfo Torres entró a verla por primera vez, sintió que un escalofrío lo invadía por completo. Conforme recorría sus largos pasillos y entraba a las recámaras, adivinaba presencias, sentía que ojos ocultos en las paredes lo veían, pero al voltear, sólo los muros blancos y silenciosos le llenaban la mirada y únicamente le quedaba la sensación de ser observado.

Pues a pesar de todo, Rodolfo la compró. La pintó, le hizo algunos arreglos y se mudó. Con los muebles se veía menos lúgubre y con los cuidados que le tuvo al jardín lo hizo renacer. Solamente había un detalle extraño: cuando quiso cortar las ramas del fresno

33

no pudo hacerlo, la sierra eléctrica dejaba de funcionar cada vez que lo intentaba, así que lo hizo con una sierra manual, pero los dientes jamás lograron hacerle el más pequeño rasguño. "Está bien —le dijo al árbol—, si no quieres, no te cortaré, tampoco es a fuerzas". Bajó por el grueso tronco y lo observó, era como un gigante que se movía pausadamente al compás del viento.

Por la noche, acostado en su cama, se quedó dormido leyendo un libro y cuando abrió los ojos para quitarse los lentes y apagar la pequeña lámpara que alumbraba vagamente la pieza, un murmullo que se fue aclarando poco a poco llegó hasta sus oídos: "Virgen fiel, ruega por él. Espejo de la justicia, ruega por él. Trono de la eterna Sabiduría..." Hacía tantos años que no escuchaba un rosario, que le costó trabajo identificarlo. Salió rápidamente de la habitación y en el pasillo el murmullo cesó. Ni un ruido, sólo el de sus pasos descalzos. Él mismo se preguntó si no sería producto de su sueño... estaba seguro que no, aunque...

El colmo fue aquella tarde en que llegó del trabajo a su casa y al entrar al estudio vio reflejada en la ventana la silueta de un hombre ensangrentado. El grito se le ahogó en la garganta dejándolo mudo, pero sus piernas sí respondieron y salió de la casa corriendo. En ese momento, don Serafín, un vecino que había vivido toda su vida en esa colonia, llegaba. Al verlo tan nervioso lo invitó a su casa y mientras escuchaba a Rodolfo contarle todo lo que había pasado, le dio un coñac. Lo miró fijamente y le dijo:

—Usted no lo sabe porque es nuevo en el rumbo y es muy joven, pero... esta colonia es muy antigua, además, este barrio fue testigo de la Conquista Española, por aquí pasó Hernán Cortés rumbo al árbol de la noche triste a llorar su derrota. Este lugar sabe de muchas injusticias y crímenes. Aquí vivieron el Tigre de Santa Julia y Chucho, el Roto. ¿Se imagina lo que estas calles dirían si hablaran...? No, mi amigo, no se altere ni se asuste tanto. Los muertos y los vivos podemos convivir, cada uno en su sitio, cada uno en su tiempo. Todos podemos llevarnos bien...

Ante los azorados ojos de Rodolfo, la figura de don Serafín comenzó a desvanecerse en la penumbra de la tarde, casi noche, como si se fundiera en el amplio y viejo sillón de terciopelo negro y madera labrada donde estaba sentado. Cuando desapareció por completo, Rodolfo no supo qué hacer. Dejó la copa sobre la mesita de la sala y salió apresurado. En el camino se calmó y entendió muchas cosas. Entró a su casa y miró a todos lados. Por primera vez no le molestó esa sensación de sentirse acompañado. Don Serafín le había dicho una gran verdad: los muertos y los vivos podían convivir, cada uno en su sitio, cada uno en su tiempo. Y Rodolfo no tendría más remedio que acostumbrarse a que las líneas de los tiempos, a veces, se hacen nudos y se cruzan continuamente.

La difunta

A Elisa Ángeles

*E*sa mañana, la respiración de Adelina se hacía más lenta, más pausada, conforme corrían los minutos. Alejandro Guevara, su padre, miraba con infinita tristeza cómo su hija de veinte años se despedía poco a poco de la vida. El médico ya no daba esperanzas, decía que sólo un milagro podría salvarla, pues su cuerpo se negaba a seguir en este mundo.

Adelina entregó el alma en un suspiro largo, prolongado, suave, su pecho no volvió a elevarse y sus ojos se hundieron en el rostro pálido. Alejandro no pudo contener el sollozo que lo convulsionó. ¿Por qué a él? ¿Por qué a su hija que es una muchacha buena, dulce, en la flor de la juventud? Se abrazó desesperado a María, la fiel sirvienta, buscando el consuelo para sobrevivir a una pena tan grande. Nunca como en esos momentos añoró la presencia de Guadalupe, su esposa, la compañera incansable y devota que también se había ido de este mundo cinco años atrás. A pesar de sus cuarenta y cinco años, Alejandro se sentía viejo, cansado, el sufrimiento lo había rendido y dejado ya sin ilusiones.

El sol de abril recibió al ataúd de Adelina en el Panteón Inglés. Los albores del siglo XX, recién estrenado, se cerraban para ella. Con ese entierro quedaban sepultados todos sus anhelos de vivir, de desarrollarse; de tajo se había cortado una vida que prometía. Por supuesto que Alejandro estaba inconsolable, completamente abatido. En un postrer adiós, puso dentro del féretro un pequeño cofre con las alhajas preferidas de su hija; en sus manos de mármol lucía una pulsera de oro y en sus dedos, el anillo de brillantes que su padre le regalara al cumplir los quince años. Parecía una princesa dormida.

En medio de abrazos, pésames y lágrimas, todos abandonaron el triste lugar. Alejandro caminaba con paso cansado, como si se resistiera a abandonarla, pero la tarde ennegrecía y debían dejar descansar a los muertos.

La luna estaba en el centro de su pálido recorrido cuando unas manos profanas abrieron la tumba de Adelina. Eran Fabián y Eleuterio, los sepultureros, quienes abrieron la cripta y sacaron el ataúd sin ningún respeto.

—¡Ábrelo! —ordenó Fabián, pero su compañero no pudo moverse—. ¿A poco te da miedo? Está bien muerta y los muertos no regresan.

Entre los dos destaparon la caja y vieron a Adelina, quien parecía sólo dormir. Se quedaron así unos segundos, como si algo les impidiera moverse. Sin embargo, Fabián rompió el silencio con su voz aguardentosa.

—¡Órale, vamos a quitarle las joyas! ¿O qué? ¿Vas a rajarte?

—No, pero... los difuntos siempre imponen.

Decidido, el sepulturero le quitó los aretes y abrió el pequeño cofre que estaba al lado de la joven.

—¡Mira nomás!

El brillo de las finas alhajas había deslumbrado a los ladrones, quienes rompían el descanso de los difuntos con su ambición.

—Son muchas, ¡vámonos ya! —urgió Eleuterio a su compañero.

—¡Pérate! Me gusta el anillito de la muertita; se ve que es brillante y de los buenos.

—Con el cofre es suficiente. ¡Vámonos!

—¡No seas animal! Vamos a quitárselo.

Fabián dejó a un lado el cofre y trató de arrancar el anillo del dedo de Adelina.

—¡No sale! Ya se le hincharon las manos.

—Te digo que con esto tenemos para rato, ¡déjala!

—¿Y que se lo coman los gusanos? A mí me hace más falta.

Fabián jalaba con fuerza el anillo sin poder sacarlo, como si la joven se negara a entregarlo.

De pronto, un filo brilló con la luz de la luna.

—¿Qué vas a hacer con eso?

—Cortarle el dedo.

—¿Estás loco? ¡Guarda ese cuchillo! Si se enteran, en menudo lío nos metemos.

—¿Y quién va a saber? ¿A poco crees que van a abrir la caja? ¡Ayúdame!

Eleuterio sólo miraba, estaba como clavado al suelo. Fabián comenzó a cortar el dedo de Adelina cuando un agudo grito deshizo en añicos el silencio del panteón. Los dos sepultureros se quedaron petrificados al ver que la joven se incorporaba en su ataúd y gritaba, aterrada, al sentir el dolor en su dedo y ver la sangre que resbalaba por su blanca mano. Ese grito fue lo último que escucharon Fabián y Eleuterio antes de caer muertos junto a Adelina, quien no acababa de entender por qué estaba allí. Lo cierto es que, al pasar los primeros momentos de impresión, ella recogió el cofre y esperó pacientemente a que abrieran el panteón para poder salir, confundiéndose entre los visitantes.

Es fácil adivinar el susto de la familia al verla tocar la puerta, pero pasado esto, Alejandro hizo una fuerte donación a la iglesia de La Profesa porque Dios le había hecho el milagro de devolverle a su hija. El médico que la revisó más tarde diagnosticó un ataque de catalepsia.

Lo que sucedió después se pierde en el polvo de los tiempos, pero se dice que en las noches de luna llena, cuando todo está callado y tranquilo, se escuchan las palabras de los sepultureros, incansables, inagotables, a pesar que del Panteón Inglés sólo se conserva la capilla, a un lado del Circuito Interior.

Y hay quien asegura que se ven las siluetas de los dos hombres con sus palas, justo en el lugar donde desenterraron a Adelina, una noche de cada mes, como castigo por haber profanado el sueño de una "difunta".

A través del balcón

L eticia se había sentado a descansar en una banca de la Alameda de Santa María la Ribera, exactamente frente a la casa del ingeniero e historiador Agustín Aragón. El día había sido muy pesado, había caminado toda la tarde bajo el fuerte sol que amenazaba con quemar la ciudad. Entrecerró los ojos para relajarse cuando sintió que alguien la miraba fijamente. Los abrió, pero no vio a nadie, sólo uno que otro paseante distraído. Sin embargo, esa mirada la sentía como incrustada en su piel. ¿De dónde venía? ¿Quién era?

De pronto, creyó ver que algo se movía en la puerta entreabierta del balcón de la vieja casona de enfrente. Se quedó observando unos segundos. No podía ser, aquella casa tenía años abandonada, sólo la habitaban quienes la cuidaban, pero ellos vivían al fondo, y casi no entraban allí. Lo sabía porque era vecina del rumbo y hasta ese momento se dio cuenta que acababan de quitar el letrero de venta de la reja donde había estado durante meses, tal vez años, y se había convertido en parte del paisaje de esa calle.

La tarde caía lentamente cuando Leticia decidió irse a su casa, sin dejar de sentir la mirada sobre su espalda.

Una noche, mientras caminaba por la calle de Pino, ahora Dr. Atl, se detuvo otra vez frente a la sombría casona gris. El abandono

41

en que estaba y la basura que se amontonaba en los rincones de la entrada le imponían, temía que alguna rata le brincara de entre aquellas bolsas de plástico llenas de desperdicio. No obstante, algo le pasó, algo sintió que la hizo detenerse y observar cuidadosamente la vivienda. Sin darse cuenta, la puerta principal se abrió poco a poco y fue el rechinido de sus goznes lo que la invitó a pasar. Subió despacio los tres escalones y se animó a entrar en aquella estancia vieja, sucia, solitaria y más triste que nunca. A pesar de esto, un perfume de gardenias prevalecía entre tanta obscuridad. El aroma venía de arriba, de alguna de las recámaras. Se dejó guiar por él y subió. Intentó abrir las piezas sin lograrlo; el tiempo había cerrado las puertas mejor que cualquier llave. A pesar de esto, al acercarse a la del balcón, consiguió abrirla sin el menor esfuerzo, tan fácilmente que era como si la estuvieran esperando. Sentada en una silla, una mujer de blancos cabellos recogidos en un elegante chongo, miraba la calle a través de la puerta entreabierta del balcón. Leticia la observó sorprendida, ¿qué hacía allí?

Como si la dama leyera su pensamiento, la miró dulcemente. De sus ojos grises emanaba ternura, serenidad. Con voz suave le dijo que no tuviera miedo, ella estaba allí porque amaba la soledad y la penumbra, nadie la molestaba y podía vivir tranquila, recordar su vida sin interrupciones, pero a veces necesitaba hablar con alguien, por lo que le pedía que fuera a verla de vez en cuando. Leticia la miraba hipnotizada; aquel rostro melancólico y ese cuerpo frágil le impedían negarle algo. Accedió, iría a verla en las tardes, a la hora en que el sol empieza a ocultarse y las sombras se adueñan de la ciudad.

Así pasaron algunas tardes, la muchacha oía con enorme interés las mil anécdotas que la mujer del balcón le platicaba durante los ratos que compartían. Nunca supo su nombre, pero al escucharla se remontaba a otras épocas; casi podía oír el *Vals Poético*, de Felipe Villanueva, o el *Tristes Jardines,* de José de Jesús Martínez, oler aquellos perfumes de flores o se imaginaba con vestidos de antaño; así de reales eran las historias de la anciana. En Leticia comenzó a tomar forma la idea de querer vivir en el pasado. Impaciente, sólo esperaba la hora de su cita, hasta que una noche no regresó a su casa. Angustiados, sus padres la buscaron con desesperación. Durante meses siguieron todas las pistas que tuvieron a su alcance y guardaron la esperanza de hallarla sin que su búsqueda fructificara. Incluso fueron a la casona gris, pidieron permiso para entrar, pues sabían que ella visitaba allí a una amiga, pero no encontraron a nadie, solamente una estancia sombría y polvosa, unas recámaras en penumbra, viejas, abandonadas de años. Los cuidadores dijeron que allí no vivía nadie y jamás habían visto que Leticia entrara.

Con los meses, llegó la triste conclusión: ella había desaparecido. Los ojos de Carmen, su madre, se secaron de tanto llorarla y el antes alegre gesto de su padre se tornó triste y apesadumbrado. La pena los consumía poco a poco.

Tiempo después, una noche, Carmen se sentó en una banca de la Alameda de Santa María, exactamente frente a la casa de don Agustín Aragón. Observó la fachada por largo rato y pudo percatarse de que unos ojos atisbaban por la puerta entreabierta del balcón, sin embargo, no alcanzó a distinguir de quién se trataba. En un parpadeo, aquella mirada desapareció y Carmen prefirió irse, mientras los ojos melancólicos de la muchacha sentada en una silla detrás de la puerta del balcón la observaban alejarse.

Dicen que aquella elegante señora engañó a Leticia para que tomara su lugar en el balcón. Lo cierto es que al pasar frente a la casa se siente una mirada y como que se adivina una presencia. Cada quien es libre de tomar la decisión de quedarse a buscar esos ojos o seguir su camino como si no los hubiera visto.

La muerte de un nahual

C orría el año de 1909. La casona marcada con el número 159 de la calle de Sabino, en la colonia Santa María la Ribera, era una construcción afrancesada, con columnas que remataban en capiteles llenos de flores y paredes con profusos estucados; se notaba el dinero.

Don Fernando Arredondo poseía comercios y le iba bien. Todo le sonreía: desde el destino, hasta la dulce y hermosa mujer que Dios le había dado como compañera. Desgraciadamente, la vida nos pone pruebas para templar nuestra fortaleza y espíritu.

Esa mañana soleada de abril, don Fernando fue de cacería; le gustaba hacerlo de vez en cuando, pensando que eso le daría más renombre en la alta sociedad. Se dirigió al sur, estaba seguro de que lograría traer conejos, tal vez algún lobo o lo que fuera, lo importante era no regresar con las manos vacías.

Intentó cazar varios animales sin éxito. Era como si las balas se desviaran a propósito para no matarlos. Él mismo se extrañó de lo que pasaba, siempre había tenido buena puntería, pero ese día no le atinaba a nada. Además, sentía una mirada sobrecogedora a sus espaldas, sin embargo, cuando se volvía, no había nada, sólo el suave aire que soplaba y movía rítmicamente las hojas de los árboles.

Ante el pésimo día, don Fernando decidió regresar. Estaba malhumorado, con ganas de desquitarse. De pronto, frente a él pasó un veloz coyote. Dispuesto a retornar a casa con un trofeo, lo siguió a todo galope. Al ver que se escondía, bajó de su montura y continuó a pie. Sólo se escuchaba la respiración agitada del animal. Don Fernando lo tuvo unos segundos en la mira del rifle, tiempo suficiente para apuntar y disparar. Esa vez, la bala dio en el blanco sin desviarse ni un milímetro. Feliz, fue corriendo por su presa, pero al verla se quedó como una estatua de mármol. En el suelo agonizaba un hombre con una bala en el pecho. Don Fernando se acercó a él intentando ayudarlo, pero ya no pudo. La última mirada de aquel hombre fue dura, feroz, como un animal a punto de atacar.

Impresionado, don Fernando corrió hasta su caballo, lo montó y casi lo reventó para llegar lo antes posible a su casa.

No se atrevió a confesarle a su esposa lo que había pasado. Esa noche estuvo llena de sueños intranquilos y pesadillas sin fin. El amanecer apareció cuando él ya lo esperaba con los ojos abiertos y la mirada perdida en el infinito. Su mente recordaba una y otra vez el infame crimen, no podía olvidar aquellos ojos tan metidos en los suyos.

A partir de ese día, su semblante cambió y la alegría se esfumó de su carácter. Se volvió un hombre triste, taciturno y melancólico. La servidumbre juraba que le habían hecho mal de ojo y que tendría que ir con un brujo para que le devolviera el alma que, seguramente, estaba atrapada en un maligno sortilegio. Rafaela, su esposa, veía cómo él se secaba, despacito, hasta perder su vitalidad. Lo había llevado con varios médicos, pero todos coincidían en el diagnóstico: no tenía nada físico, su mal era del alma. ¿Y cómo se cura el alma?, les preguntaba siempre Rafaela, pero sólo el silencio respondía.

Una tarde, ella misma animó a su esposo a salir, diciéndole que ver gente y platicar con alguien le haría bien. Él accedió porque sabía que tenía que afrontar su tristeza y sus remordimientos. El anochecer sorprendió a Rafaela en la cocina, guisando un delicioso pastel para su esposo. La madrugada llegó mientras ella pasaba, angustiada, las cuentas de nácar de su rosario. Le suplicaba al Altísimo que le devolviera a su marido con bien.

Pasaron dos días de desesperación y dolor. Rafaela lloraba, sentía que el corazón se le detendría en cualquier momento por la angustia y la opresión. De pronto, una sirvienta entró despavorida en la recámara y le pidió que fuera a la entrada de la casa. Rafaela obedeció y allí vio a su esposo: era una masa informe que unos indígenas encontraron en el camino. Sólo la cabeza, casi entera, delataba que aquello había sido el compañero amado. Los que lo llevaron murmuraban que eso había sido la venganza de un nahual. Sin embargo, Rafaela ya no los escuchaba ni entendía nada. Su razón se fue con el alma de su esposo.

Hay quienes aseguran que en esa casa todavía se oye el grito agudo de Rafaela cuando le mostraron los restos de su marido, justo en la fecha en que esto sucedió. La casa ya no existe, pero el grito de ella y sus incansables pasos, llenos de angustia, rompen el silencio de alguna noche, aunque ya sean muy pocos los que recuerdan esta añeja historia.

La farmacia de la esquina

*L*a noche comenzaba su momento de mayor obscuridad cuando Enrique Gómez Samperio, un chofer, pasó con su taxi por la esquina de Serapio Rendón y Ribera de San Cosme, en la colonia San Rafael. Una viejecita de cabello blanco, pequeña, encorvada y de aspecto amable, le hizo la parada y le pidió que la llevara a la avenida Ejército Nacional; en el camino, ella le diría dónde dar la vuelta. Mientras ambos conversaban llegaron a la avenida, pero cuando Enrique se volvió para preguntarle a qué calle iba, descubrió que no había nadie en el asiento trasero y, para su sorpresa, sólo una moneda de cinco pesos brillaba justo donde, supuestamente, la anciana iba sentada.

A la noche siguiente, Enrique volvió a la misma esquina y se estacionó allí durante un rato, hasta que Gerardo, otro taxista, se le acercó y le preguntó si tenía algún problema con el auto o se sentía mal. El chofer le contó a su colega lo que le había sucedido la noche anterior. Éste le sonrió y lo invitó a tomar un café con los chinos que están sobre Serapio Rendón, frente al extinto cine Ópera. Allí le contó la historia de doña Mariquita.

"Yo la conocí hace muchos años y sé que desde los cincuenta puso una farmacia en la esquina de Serapio Rendón y San Cosme.

Acababa de enviudar y buscaba el sustento para ella, pues Felipe, su único hijo, ya era un adulto que jamás se hizo cargo de la madre. "Todos los vecinos la querían mucho. Pasaron los años y doña Mariquita envejeció detrás del mostrador de su antigua farmacia. Se convirtió en una viejecita de cabello blanco, pequeña, encorvada, amable, que siempre le pedía a los clientes que leyeran el precio de la medicina, pues sus ojos ya no le ayudaban. Jamás se quejó de alguien que quisiera abusar de su corta vista, al contrario, muchas buenas personas le dejaban el cambio, pues intuían que ella se sostenía sólo de su negocio.

"Todas las noches cerraba a las once en punto. Algún policía o vecino del rumbo siempre le ayudaba a bajar la cortina metálica de la farmacia. Después tomaba un taxi, cualquiera que pasara, y pedía que la llevara a su casa, en la avenida Ejército Nacional.

"Invariablemente nos platicaba historias de cuando era joven; 'para que el camino se acortara', nos decía con una sonrisa. Al llegar, se bajaba y nos pagaba siempre la misma cantidad, los mismos cinco pesos desde hacía años. Todos los taxistas del rumbo lo sabíamos, por eso nos turnábamos 'la llevada'; una noche cada uno, para no dejarla sola y que algún abusivo intentara cobrarle de más por la dejada.

"Por desgracia, con los años, la farmacia se llenó de polvo y doña Mariquita dejó de surtirla. Su única ilusión era ese negocio al que le faltaban muchos medicamentos. Sin embargo, los rollos de papel de baño, los paquetes de *clínex*, los dulces y las aspirinas siempre estaban allí, esperando ser despachados por su dueña. Diario acudía a ese local con puntualidad, incluyendo sábados, domingos y días festivos. Ella era de las pocas personas que nunca cerraban, a pesar de las innumerables y, a veces, peligrosas manifestaciones que pasaban por San Cosme. La gritería de la gente que marchaba no la asustaba, se limitaba a observarlos y a pedirle a Dios que el gobierno escuchara sus peticiones y aliviara sus necesidades.

"Recordaba a todos los que había conocido y que ya no estaban en este mundo. Les prendía una veladora el primer viernes de cada mes, les dedicaba la misa de ese día y les rezaba un rosario. Suspiraba por Clotildita, la vendedora de carpetas tejidas; por don Memo, el de la ferretería, y por Juanita, la que vendía sopes afuera de la farmacia. Habían sido sus amigos de muchos años y cuando se acordaba de ellos, juraba que sentía su presencia.

"Además del hijo ingrato que con el tiempo se olvidó de ella, sólo Elisa, una sobrina, la venía a ver de vez en cuando. Pero ella también tenía sus obligaciones y no podía dedicarle a su tía todo el tiempo, por eso nos la encargaba mucho. Sin embargo, no pasaba un mes sin visitarla y estarse con ella hasta que cerraba el negocio y la dejaba dentro del taxi que la llevaría a su casa.

"Un día, la farmacia no abrió, su cortina metálica se quedó cerrada dos, tres, cuatro días... hasta que se juntó una semana sin que doña Mariquita llegara. Los vecinos nos preguntábamos, preocupados, qué le habría pasado a la anciana. Finalmente, a las dos semanas, nos llegó la respuesta. Elisa caminaba por aquí cuando don Luis, el dueño de la taquería que está junto a la farmacia, la detuvo y le preguntó por doña Mariquita:

—Mi tía —le dijo con un nudo en la garganta— falleció de un paro cardíaco hace una semana. ¡Pobrecita! Lo que más le angustiaba era dejar sola la farmacia.

"La noticia nos entristeció mucho. Cómo no, si ya llevaba tantos años allí. Nos juntamos y le mandamos decir unas misas en la iglesia de San Cosme, donde ella asistía todos los días a las nueve de la mañana en punto, pues decía que así aseguraba una venta bendecida por Dios.

"Sin embargo, ya son varios compañeros que comentan que la han visto en la esquina de la farmacia, pasaditas las once de la noche, haciendo la parada a algún taxi. Pero no le temas, ella nunca te haría nada y siempre te paga la dejada con una moneda de cinco pesos".

La casa del abuelo

Apenas recuerdo la casa de los abuelos, estaba en donde ahora se encuentra el cine Ópera, sobre la calle de Serapio Rendón, en la colonia San Rafael, a media cuadra de la Ribera de San Cosme, y en donde, por cierto, ya no pasan películas. Desde que fue el temblor de 1985 dejó de funcionar como cine y ahora sirve como sala de conciertos para cantantes y grupos modernos. Pues precisamente allí estaba la casa de los abuelos. Ni te imaginas lo que era eso: ¡parte del convento de San Cosme! Resulta que el abuelo lo compró así como estaba, es decir, como convento. Con la compraventa se quedó sin dinero y no lo pudo arreglar, de tal forma que así se metió a vivir con su familia. En ese tiempo, sólo quedaban mis abuelos y dos tías jóvenes solteras, los demás ya estaban casados. Me acuerdo que cuando los íbamos a visitar, todos los primos nos poníamos a jugar a las escondidas en el montón de cuartitos que había; ahora sé que eran las celdas de las monjas. Incluso, algunos ya no tenían ni siquiera techo, así que a todos los chamacos nos gustaba mucho ir allí, nos la pasábamos muy bien.

Cuando obscurecía, el abuelo nos platicaba historias de espantos. Ya te imaginarás cómo salíamos de asustados de allí. La entrada era un pasillo que a mí se me hacía inmenso, largo, largo y bien obscuro, y al final tenía una lucecita que para nada servía, con un foco chiquitito. Cuando salíamos en la noche para irnos ya a nuestra casa, yo me apretujaba contra mi mamá porque sentía que si me acercaba a la pared, iba a salir una mano para agarrarme o iba a sentir en mi oído el soplido de alguno de los muchos espíritus que supuestamente vivían allí.

Me acuerdo que a veces veíamos unas monjas caminando por los pasillos que unían a los cuartitos, en medio de nuestros juegos. Cómo me llamaba la atención su largo hábito negro y blanco, y el rosario que les colgaba de la cintura y casi tocaba el suelo; siempre traían las manos metidas en las mangas de su vestido. Al principio se me hacía raro verlas allí, pero luego tanto mis primos como yo nos acostumbramos a su presencia, hasta las saludábamos, sin embargo, nunca nos contestaban, ni siquiera levantaban los ojos del suelo. Jamás les vi la cara, se me figuraba que estaban tan feas que les daba pena que las viéramos.

Una vez, camino a la casa del abuelo, le conté a mi mamá de las monjas y ella me pidió que las siguiera saludando, aunque no me contestaran, eso hablaba de un niño bien educado. Así que yo la obedecí: cada vez que las veía era el saludo. Hasta que una tarde que estaba más obscura que de costumbre, pasaron las monjitas; como siempre yo las saludé y me quedé viendo cómo se alejaban y en ese momento me di cuenta de que no pisaban el suelo, ¡no tenían pies! Al ver esto, mis primos y yo nos fuimos corriendo, casi volando, con nuestros papás y los abuelos. Entre gritos histéricos y palabras que chocaban unas con otras, les contamos lo que había pasado. Tranquilamente, el abuelo se levantó de su sillón de terciopelo rojo, caminó hacia el mueble del comedor, del que sacó unos terroncitos de azúcar y nos los repartió sin decir nada. Después, prendió una veladora a la imagen que tenía de la Virgen de Guadalupe y con esa sonrisa de beatitud que lo caracterizaba nos dijo que no nos asustáramos. Ésa había sido su casa durante muchos años y todas las tardes las monjas salían a caminar para rezar el rosario y ver que todo estuviera en orden, tal como ellas lo dejaron hace años, cuando aún vivían allí.

Un niño juguetón

*L*a calle de Alfonso Herrera, en la colonia San Rafael, es tranquila. Los días la sorprenden con el sol mañanero, el que es fresco y aparece en las montañas poco a poco, con timidez. Pero las noches son diferentes. En el número 91 de esa calle, hay una casa cuya fachada es clásica de los cuarenta: balcones, puerta central con medio arco —no cuadrada, como las hacen en la actualidad—, ventanas pequeñas, pisos de madera y techos altos. Decía que las noches son diferentes en esa calle, en esa casa. Aparentemente, el tiempo pasa igual, pero no es así. Allí, las horas y los minutos, hasta los segundos, parecen dar marcha atrás, como si las manecillas del reloj se movieran en una carrera desenfrenada contra el tiempo. La luna oculta sus verdaderas intenciones y la casa se remonta al pasado para revivir su tragedia.

Los vecinos dicen que oyen los pasos apresurados de un niño, pero eso no puede ser porque ahora alberga oficinas y durante el día sólo se escuchan los rumores de voces adultas, computadoras, en fin, todo el ruido característico de una oficina. Pero en la noche, todo cambia. Con el silencio, únicamente se oyen los pasos cansados y tranquilos de don Facundo, el velador, cuya presencia anuncia con su linterna, cuando le da flojera prender las luces. Si está arriba, oye aquellos pasitos que corren por la planta baja y si está abajo, las carreras se escuchan arriba.

Al principio se asustaba, se ponía nervioso, le sudaban las manos y prendía toda la casa. Así dejaba que las horas se desgranaran lentamente, sobre todo las de la madrugada, las más pesadas y largas. Don Facundo llegó a pensar que tenían más de los sesenta minutos de rigor y les tomó el tiempo. Efectivamente, las horas de la madrugada sólo tenían los sesenta minutos ordinarios, sin embargo, por su miedo y sus nervios, parecían más largas. Pero don Facundo, con el tiempo, dejó de asustarse, se acostumbró tanto que a veces ni oía los pasos del chamaco.

Una noche escuchó el silencio y se atemorizó más que con las corretizas. Estaba abajo y alumbró las escaleras que llevaban a las recámaras. En el pasillo vio claramente la silueta de un niño que se metía a una de las piezas. Don Facundo subió despacio, cuidando de no hacer ningún ruido, para cerciorarse de que estaba completamente solo en la planta alta. Esta vez no se asustó, pero estaba muy intrigado, juraba haber visto al causante de aquellas carreras nocturnas.

Platicando con los vecinos fue como se enteró de la tragedia. Allí vivía una familia cuyo nombre se perdió con el tiempo. Lo cierto es que sólo tenía un vástago, un pequeño que era la adoración del matrimonio. El niño creció, era travieso, corría y gritaba por toda la casa dándole vida y alegría a todo lo que sus manitas tocaban. Para qué decir que sus padres se reflejaban en él. Ese chiquillo era lo más preciado que tenían, hasta el nefasto día en que corrió por los pasillos de las recámaras, como era su costumbre, tropezó con un bote y cayó desde lo alto. Estupefacta, su madre observó la cruel escena; inmediatamente, bajó las escaleras y alzó en sus brazos al pequeño; no lo soltó hasta que por la fuerza se lo arrebataron: había perdido la razón.

De esa familia no se volvió a saber nada. El esposo, adolorido y deprimido, dejó la casa en la que fue tan feliz y miserable a la vez.

La puerta principal de medio arco se cerró y no volvió a abrirse en años. Finalmente se vendió y se convirtió en una casa para oficinas. Ahora, el inmueble incluye las carreras de unos pies pequeños y traviesos, todas las noches. No hay por qué asustarse, sólo se trata de un niño que pretende darle vida y alegría a una antigua casona de la colonia San Rafael.

De cómo se supo lo que había después de la muerte

*L*a luz trémula de la vela reflejaba sombras en la pared, mientras Remedios le ponía un trapo húmedo sobre la frente a su primo Héctor. Durante toda su vida jamás olvidaría ese año: 1927, y mucho menos el sitio: una casa muy cercana a la colonia Guerrero, lugar habitado por gente de la clase media.

Héctor llevaba varios días con fiebre muy alta y en los pocos momentos de lucidez que había en su mente, le pedía a su prima, con desesperación, que no lo dejara solo, tenía mucho miedo de que la muerte lo tomara por sorpresa; la soledad no le gustaba, pero también sabía que Dios lo iba a castigar por todos sus pecados.

—No te preocupes, primo —le dijo Remedios esa madrugada en que no podía dormir por atenderlo—, Diosito es muy bueno y te va a perdonar. Él es misericordioso y muy grande en su bondad, como dice el padrecito.

—Pero no conmigo —le contestó Héctor en ese momento en que sintió que la luz iluminaba su entendimiento—. No he sido bueno, ya ves que ni siquiera mis hijos vienen a verme.

—Sus problemas tendrán.

—No, Remedios, tú bien sabes que eso no es cierto, no están conmigo porque no me quieren, y no me quejo, me lo merezco, no he sido un buen padre ni un buen esposo. Me acuerdo que cuando eran chamacos hasta miedo me tenían, porque si yo llegaba tomado los golpeaba por cualquier idiotez. ¡Cuántas lágrimas no derramó mi mujer por mi tomadera! ¡Cuántas súplicas no me hizo para que dejara eso y a todas las viejas con las que andaba! Pero jamás la escuché, al contrario, creía que eso iba a ser eterno, que yo siempre iba a estar fuerte, sano y mira nada más qué lección me está dando la vida. He fallado en todo, hasta he blasfemado, por eso Dios me tiene así, postrado en esta maldita cama desde hace meses y sólo tú te has apiadado de mi alma.

Los ojos hundidos del hombre y sus tristes palabras llenaron de ternura la expresión de Remedios. Ella sabía que todo lo que decía era verdad, sin embargo, no dejaba de dolerle, era su pariente y lo había atendido con abnegada solicitud desde dos meses atrás, cuando una vecina le avisó que estaba muy enfermo y completamente solo. Dos meses durante los cuales nadie se había acordado de él, nadie excepto ella, la prima soltera a la que pocos ven y de la que todos se olvidan, menos cuando tienen un problema y no hay a quién recurrir más que a ella. Ésa era la vida de Remedios, vivir en medio de la soledad y el olvido de sus parientes, tratando de no juzgarlos, sino de entenderlos y justificarlos.

—Gracias, Remedios —le dijo Héctor con voz pausada—, ojalá tuviera tiempo para poder pagarte estos favores que me haces, pero eso es lo único que me falta.

Nuevamente ella le sonrió, le encantaba mostrar sus blancos dientes, parejitos como una mazorca de maíz.

—¡Uy, primo! Aunque te quisiera cobrar, va a estar bien difícil que me pagues esto, lo que podría pedirte no me lo vas a dar de todos modos.

—Te juro que si puedo lo haré, pide lo que quieras.

—¿De verdad quieres oír lo que quiero?

—Claro y te juro que haré lo que me pidas, aunque en ello me vaya lo poco de vida que me queda. Ya no le hago falta a nadie.

—Mira, primo, cuando se murió mi madre, que ojalá esté gozando de la Gloria de Dios, le pedí que viniera a decirme cómo era la muerte, qué sentía y dónde estaba, pero jamás pasó nada; luego, mi padre la siguió y le pedí lo mismo, pero nunca regresó a contarme.

—¡Yo sí voy a decirte lo que hay en el más allá! No te voy a fallar, ya lo verás.

Héctor cerró los ojos, estaba agotado, las fuerzas se le iban cada vez más rápido del cuerpo y la palidez se apoderaba de su rostro cenizo sin expresión. Remedios se le quedó viendo unos minutos, pensaba en lo difícil que era la vida a veces... ¿sería igual la muerte o peor?

Acompañada de sus pensamientos, salió un rato a la puerta de su casa a ver pasar la poca gente que comenzaba el día y a entretenerse unos momentos en adivinarle figuras a las nubes que empezaban a pintarse de sol. Cuando volvió a entrar para prepararse un té, vio a Héctor tranquilo, con los ojos cerrados, demasiado quieto, no hablaba los delirios de la fiebre ni se movía inquieto como lo hacía en los últimos días. Se acercó a él, lo tocó y su cuerpo estaba tibio, sospechosamente tibio. Intentó ver el débil movimiento de su pecho con la respiración, pero no pudo. Tanto miedo que le tenía a la soledad en su momento final y Dios le mandó ese castigo, no permitir que nadie recogiera su último aliento.

* * * * *

Remedios le avisó temprano a toda la familia que pudo de la muerte de Héctor, sin embargo, era ya el atardecer y solamente la acompañaban sus vecinos. Se sentía bastante cansada, los últimos días habían sido pesados, así que decidió ir a su recámara a arreglarse un poco, a tratar de sentirse mejor.

Entró a su cuarto y la recibió un silencio extraño que le pesó en los oídos y en la cabeza. Se miró al espejo, vio su expresión cansada, los ojos tristes, opacos. No obstante, ya era el último día, el último jalón de esa cadena que tenía dos meses de cargar. Repentinamente, todo se obscureció y a un lado del espejo, sobre la pared, vio claramente la imagen de Héctor; su expresión era de profundo dolor mientras largas llamas se apoderaban incesantes de su cuerpo. Remedios retrocedió espantada, de su garganta nunca pudo emerger el grito de miedo que la invadía. Lentamente, las sombras de la tarde se llevaron aquella terrible visión y el alma le volvió al cuerpo. Hasta ese momento, recuperó la movilidad y pudo llorar, llorar hasta que las lágrimas se le acabaron.

* * * * *

Cincuenta años habían pasado de este impresionante suceso cuando Remedios lo contó por última vez a su sobrina Lourdes, la hija menor del primo Héctor. Se lo dijo poco antes de cerrar los ojos para siempre, en medio de una apacible beatitud. Lourdes se quedó un rato a su lado, rezando y pidiéndole con todo su corazón que no regresara del más allá a decirle nada, prefería pensar que el alma de la tía descansaba y gozaba ya de la Gloria de Dios.

La Casa de Pinillos

A don Luis González Obregón

ℳ i residencia tiene el número 52 de la avenida de Puente de Alvarado, cuya contrucción fue encargada al ilustre y eminente señor don Manuel Tolsá. Es una casona amplia, edificada en el más puro estilo neoclásico que lo caracterizó, con una huerta en la parte posterior. Es conocida como la Casa de Pinillos. ¿Que por qué la llamo así? Porque la habitamos mi señora esposa y yo.

Amable lector, le ruego que hable con mis herederos, pues la muerte fatal me impide hacerlo, por lo cual he tenido la necesidad de recurrir a la letra escrita, que es el método más moderno y seguro para poder comunicarme.

Mi amada Antonia, la compañera de mis sufrimientos y mis gozos, con quien compartí muchos años de mi vida, debe conocer este secreto que me carcome la tranquilidad y el alma.

Soy don Manuel Rodríguez de Pinillos y de Buenavista, primer conde de Selvanevada. Aún mi memoria guarda relación de los hechos tal y como acontecieron: transcurría con lentitud el final de 1797, cuando mi señora y yo llegamos a habitar nuestra residencia. Los negocios eran prósperos y me habían dejado buenas ganancias y, como el hidalgo bien nacido y previsor que siempre fui, quise guardar éstas lejos de miradas indiscretas, como pensión para una vejez tranquila, sin sobresaltos, tanto para mí como para mi familia.

Lo aciago de aquella noche comenzó cuando en el cercano convento de San Cosme se dejaron escuchar las once campanadas. Salí, sigiloso, de mi habitación, sin que mi esposa se diera cuenta de mi proceder. Me escurrí por los pasillos y la amplia escalinata, ayudado por las sombras y las nubes que ocultaban a la luna.

Llegué hasta el huerto, atravesé la espesa arboleda y me encontré con un hombre; era humilde, pero íntegro, digno de todas mis confianzas. Me ayudó, sin chistar palabra, a sacar de aquella tupida maleza un cofre bien cerrado. A indicaciones mías, él ya había cavado un profundo socavón, cerca de un alto y frondoso ciprés. Cubrimos con mucho cuidado el hoyanco luego de depositar el tesoro, a modo de que nadie notase lo hecho. Terminada que fue esta labor, hice que aquel buen hombre se hincase, pusiese los brazos en cruz y que jurase en el nombre del Todopoderoso y Creador del mundo que jamás diría nada, que tendría que esperar hasta mi deceso y, sólo en *artículo mortis*, podría revelar esto a la persona más allegada a mi familia. Tomé tales precauciones porque yo no deseaba que este tesoro cayese en manos extrañas o de nefastos ambiciosos que, a mi fallecimiento, pudiesen hacer algo indigno con lo que legalmente le correspondía a mi esposa. Sólo ella podría desenterrarlo para vivir sus últimos años sin privaciones y gozando de buena fortuna.

Pasaron varios años y yo desaparecí del mundo físico, aunque mi espíritu todavía sigue vagando por aquí.

Siete años después, aquel fiel hombre, guardador de mi secreto, enfermó gravemente y sintiéndose a las puertas de la muerte, mandó a su esposa a buscar a la condesa de Selvanevada. Sin embargo, mi noble mujer no comprendió el mensaje y creyó que aquella señora deseaba una caridad para su esposo moribundo. Así que le regaló unas monedas y la marchó.

Cuando la mujer llegó ante el agonizante, éste aventó las monedas, enojado por aquella confusión. Desafortunadamente, la vida no quiso otorgarle la gracia de unos minutos más y la Parca se lo llevó sin darle tiempo a cumplir el juramento que me había hecho años ha.

El Dios misericordioso sabe lo que sufre mi alma al no cumplir su cometido y haberme quitado al único ser que podía devolverme la paz eterna.

Por eso, amigo lector, si usted conoce el destino de mi familia y mis herederos, avíseles del tesoro que se oculta en la huerta, junto a un alto y frondoso ciprés. Le aseguro que el cielo le compensará ampliamente con canonjías y yo recobraré la tranquilidad que desde ese día no encuentro en este mundo.

Una historia de amor eterno

*L*a tarde se acerca despacio, casi temerosa, al anochecer. El encuentro se puebla de sombras, de claroscuros que poco a poco se adueñan del cielo. Mientras el horizonte baja de intensidad su luz, las pisadas de Dolores remueven suavemente la hojarasca. Los que la han visto dicen que semeja a una aparición, con su largo vestido blanco, vaporoso. Otros cuentan que sus pies no tocan el suelo, pero más de uno suspira al recordar el rechinido apenas perceptible del pasto que se dobla bajo sus tenues pisadas... Sí, cada uno dice lo que ve o lo que siente el corazón cuando la noche se apodera de la ciudad, sobre todo del panteón de San Fernando, y la miran caminar entre las tumbas del cementerio, detenerse ante las lápidas, leerlas y entornar los ojos como recordando, como esperando...

Dicen que cuando José María Lafragua fue presentado a la señorita Dolores Escalante, ya no pudo apartarla de sus pensamientos. Estaba muy cerca la mitad del siglo XIX, con el romanticismo en plenitud, pero también con un país efervescente y caótico. Sin embargo, ¿qué importa esto junto a la grandeza de los sentimientos, del corazón, del amor? Nada de lo que ocurriera en la política podría impedir que el enamoramiento entre Dolores Escalante y el senador Lafragua siguiera adelante.

Los versos y las flores llenaban largas tardes de visita en la casa de ella. José María brindaba a su amada intensas miradas acompañadas de palabras dulces, tomaba entre sus manos las de ella y las besaba mil veces, cuidándose siempre de las miradas ocultas tras las cortinas que pendían de las puertas de madera y los vidrios biselados que separaban la sala del comedor.

¡Qué tardes tan plenas en las que los enamorados podían pasear por la Alameda Central! Dolores, del brazo de él, le regalaba sonrisas, tiernas miradas y palabras tímidas que dejaban asomar el gran amor que él le inspiraba. José María, en cambio, se sentía orgulloso de llevar del brazo a una dama tan joven, tan bella, frágil como una flor. ¡Suya! Así la sentía el ferviente enamorado: completamente suya.

Pero afuera de ese mundo lleno de amor y romanticismo, el país se debatía en problemas e inestabilidades sin fin. La política vivía momentos muy difíciles y Lafragua, como senador, se mostraba justo y duro con el Congreso, pero su actitud cambiaba y sus ojos brillaban si alguien mencionaba el dulce nombre de Dolores Escalante.

Sin embargo, la dicha completa no existe y el destino se encarga de truncar la felicidad de los mortales para hacerlos sufrir y vivir, a veces, el más amargo de los tormentos y la más terrible de las angustias.

En los anales de las grandes tragedias de la ciudad está registrada la terrible epidemia de cólera en 1850. Muchísima gente murió presa del mal que apareció como jinete del Apocalipsis, para llevarse lo único que cada mexicano sentía como verdaderamente suyo: la salud.

Dolores y José María hacían planes para su futura boda. La joven elegía con gran ilusión el vestido blanco que adornaría su pureza ese día. Escogía con cuidado las telas: el satín, el tul, los encajes, el ramo, el rosario; cuidaba con esmero hasta el último detalle. Las noticias de la epidemia que azotaba a la capital le llegaban como ecos lejanos, voces indefinidas que no alcanzaba a entender. Lo importante para ella era su próximo matrimonio. Una mañana, la casa de Dolores se vio envuelta en la confusión y el dolor. Micaela, la mujer que había estado al servicio de la familia Escalante por más de diez años, agonizaba. Inútiles fueron los esfuerzos del médico por salvarla, el diagnóstico fue implacable: ¡cólera! Dolores escuchó aquella palabra sin poder creerlo. ¿Cómo era posible que una tragedia así ocurriera en su propia casa a escasos días de su boda?

Inmediatamente, Micaela fue enterrada y hasta ese momento la joven tomó conciencia de lo frágil que podía ser la vida.

Intentó que aquel triste suceso no interfiriera con su felicidad, no obstante, su rostro mostró una sombra que fácilmente advirtió José María. Para él no había ningún secreto, conocía a la perfección cada rasgo del rostro amado y consoló la angustia de su novia con ternura y promesas de un futuro mejor.

Un día antes de la boda, Dolores despertó sintiéndose muy mal, todo le daba vueltas, no tenía fuerzas ni para levantarse. Su madre llamó al médico, quien luego de auscultarla, movió angustiado la cabeza de un lado a otro. Todo hacía suponer que había contraído el terrible mal. Empero, ella no quería que José María se enterara, estaba segura de aliviarse pronto. Su gran amor y la ilusión por su boda serían suficientes para sanar, para llegar al altar del brazo de él.

Con gran esfuerzo, al día siguiente Dolores logró ponerse el vestido de novia. La palidez de su rostro denotaba su gravedad, a pesar de esto no escuchó las súplicas de su madre y, una vez lista, subió al carruaje que la llevaría a la iglesia.

La feliz novia trató de que la sonrisa iluminara su rostro, pero todos advirtieron su malestar que, por momentos, detenía sus pasos en la entrada de La Profesa. José María la esperaba al pie del altar y tuvo que correr a detenerla cuando Dolores desfallecía en brazos de su padre. Sin embargo, aún tuvo fuerzas para mirar a su amado, para grabar en su memoria el rostro angustiado del novio-esposo, antes de cerrar los ojos para siempre.

* * * * *

Veinticinco años le sobrevivió José María a su novia-esposa y uno de sus deseos, al final de su vida, fue que lo enterraran junto a la mujer que fue su gran y único amor. Desgraciadamente, eso no pudo ser hasta seis años después de su muerte, cuando en 1881 quedaron unidos para siempre por la muerte y el sepulcro.

Ahora, durante las sombras de la noche, dicen que Dolores recorre el panteón de San Fernando y sale para encontrarse en la puerta de la iglesia con José María, quien, impaciente, la espera para consumar el hecho que ni la muerte pudo evitar.

En ese panteón pueden verse las dos tumbas unidas por toda la eternidad y pueden leerse también los sentidos versos que José María le dedicó a su adorada:

Llegaba ya al altar feliz esposa...
Allí la hirió la muerte... aquí reposa.

La historia de un tecuco

Sí, se llamaba Eusebio Salazar, pero todos lo conocían por *El Tecuco*, y es que era bien agarrado el condenado viejo. Contaban que así le decían desde chiquito; quesque porque allá en su pueblo (era del Estado de México), los tecucos eran los avaros, los codos, y ese desgraciado era el peor. Yo lo conocí rete bien porque él vivía en la calle de Donato Guerra número 8, muy cerquita de Bucareli, en medio de voceadores y vendedores de periódicos; yo era uno de ellos. Pues desde las cinco o seis de la mañana ya lo veías entre todos los periodiqueros, hasta bolita le hacían y no por buena gente, ¡qué va!, sino porque les prestaba dinero. Ya sabes, nunca faltan los apuros y las necesidades y *El Tecuco* se aparecía siempre en esos momentos, justo cuando la desesperación te tiene agarrado por el cuello y no te suelta, precisamente cuando estás dispuesto a empeñarle tu alma al diablo. Había quien aseguraba que tenía pacto con Satán y por eso era tan oportuno.

El Tecuco tenía unos ojillos casi de rendija de alcancía: chiquitos, negros, ladinos y no se les escapaba nada a los malditos. La piel cobriza, la nariz ancha, como pa oler mejor las necesidades que tiene la gente. Por boca tenía una raya que nomás sabía escupir

73

cantidades e intereses. Tenía como cincuenta y cinco años, chaparro, pero lo que le faltaba de estatura le sobraba de malora. *El Tecuco* prestaba a rédito, pero no creas que te soltaba la lana así como así de fácil, ¡qué va!, había que dejar algo en prenda, de preferencia alhajas o escrituras. Imagínate nomás, ¿de dónde íbamos a sacar tales cosas si uno va al día? ¡Ni madres! Como podía, uno juntaba algo de valor, lo que fuera, ibas con él y primero te decía que no. Le rogabas un buen rato y dizque acababas convenciéndolo, hasta te creías fregón porque le habías sacado el préstamo al canijo por una máquina de coser vieja. ¡No! En lo que tú ibas, él ya había regresado tres veces. *El Tecuco* jamás prestaba más de lo que valían las cosas y manejaba el enredijo de tal manera que te hacía creer que le habías ganado la partida.

Yo ya había oído hablar de su negro proceder con las gentes que se le acercaban. Lo veía de lejos. Nunca me cayó bien el desgraciado y no tanto porque estafara a la gente, sino porque su aspecto era el de un maldito, de demonio. Se me figuraba el diablo que ponen en las estampitas que venden afuera de las iglesias. Yo nomás le pedía a Dios que nunca tuviera que caer con él, prefería robar a verle la cara. Pero bien dicen que más pronto cae un hablador que un cojo y a mí me pasó exactamente lo que temía.

Un día tuve un apremio urgente. Mi jefecita se me puso rete mala y para variar, ninguno de mis hermanos ni yo teníamos un centavo. Así que no tuve más remedio que acudir con *El Tecuco*, allá en las calles de Bucareli y Donato Guerra. Llevé conmigo mi medalla de bautizo del Sagrado Corazón y me paré frente a él. No le dije nada, nomás se la enseñé. Fue ridículo lo que me daba y apenas si me vio, pero yo no estaba dispuesto a irme con las manos vacías. Le pedí más, mucho más dinero y él se rio.

—¡Muchacho pendejo! ¿A poco crees que el dinero me lo regalan? Esa porquería que traes no vale nada.

—¡Es oro... del bueno!

—Eso dices tú porque te engañan con cuentas de vidrio, pero yo conozco de esto y no me vas a ver la cara.

El Tecuco dio la vuelta para atender a otros y no me volvió a pelar. Yo estaba desesperado y me quedé allí, parado como idiota. Después de mucho rato, él terminó y se fue a su casa. Lo seguí y en su puerta le volví a pedir dinero para las medicinas de mi jefecita. Le expliqué que no era para mí, sino para ella, por su salud. *El Tecuco* volvió a decir que no. Yo sabía que si no conseguía ese dinero, mi pobre viejita se nos moría. Así que no lo pensé más, le di un empujón con todas mis fuerzas y me metí a su casa. Te juro que parecía museo de tanta cháchara que tenía. Volteaba para todos lados y no sabía ni qué agarrar: todo me gustaba, todo parecía de valor. *El Tecuco* se recuperó del golpe y se me fue encima con lo primero que encontró, pero le respondí y como yo estaba más joven, más corpulento que él, con un guamazo en la cabeza tuvo. Agarré algunas cosas y salí corriendo.

Cuando llegué a mi casa, en una vecindad de la colonia Doctores, ya mi madrecita se me había ido y todo porque no le pusieron una inyección muy cara y el oxígeno que necesitaba; porque se había cansado de esperarme con la lana. Te juro, amigo, que el mundo se me vino encima. Si no hubiera sido por ese maldito usurero, mi jefecita todavía estaría conmigo.

Chema Pérez terminó su relato con lágrimas en los ojos, mientras se empinaba hasta el fondo la botella de tequila. Era famoso en el rumbo de Bucareli, sobre todo en las cantinas "Pacífico", "La Reforma" y la ya desaparecida "Mundial", por platicar sus historias. Esa vez, había sido un ilustre desconocido quien le invitó el trago, alguien que escuchaba por primera vez la historia del *Tecuco.* El viejo teporocho siempre terminaba su relato bajando la voz y con la misma frase estremecedora: "Dicen que el desgraciado ya se murió todito, pero la otra noche yo lo vi caminar por estas calles, agarró Bucareli y se dio vuelta en Donato Guerra, como para su casa. Te lo juro por mi jefecita que en paz descanse y en gloria esté".

De cómo se castiga a quienes
se portan muy mal

A Mamá Quilito

—¡Angelita! ¿Por qué no obedeces? ¡Te he pedido mil veces que arregles tu recámara!

—¡¡Voooooyyy!!

Ésa era la constante respuesta de Angelita a Natalia, su madre. La jovencita de quince años se pasaba las horas imaginando y soñando con un príncipe azul: a veces era rubio, a veces moreno; los ojos podían ser verdes o castaños; unas tardes llegaba rayando el caballo y otras, en un carro tirado por dos caballos blancos. Sí, se pasaba los días más preocupada en sus fantasías que en lo que "toda señorita decente y bien educada debía aprender", según decía la tía Ana, la hermana mayor de su madre que vivía con ellos.

La casona que habitaban Angelita y su familia era casi nueva, apenas la había terminado el arquitecto en 1895 y para los albores del siglo XX era muy moderna: de techos altos, amplias piezas, escalinatas de mármol y los baños estaban cerca de las recámaras. Don Ignacio Hernández, el padre de Angelita, la había mandado a hacer en una colonia exclusiva: la Juárez. A la chica le encantaba el nombre de la calle: Versalles; inmediatamente se iba con el pensamiento a Europa, a los castillos, a los bailes, a conocer a todos los príncipes que se pelearían por ella en cuanto la vieran. Desgraciadamente, los sueños de la chiquilla contrastaban con la realidad de su madre. Natalia la veía como a una mujercita desobediente y caprichosa; floja e irresponsable, agregaba la tía Ana. Sin embargo, estas palabras no preocupaban en lo más mínimo a Angelita, ella vivía en otro mundo al que la solterona de su tía no tenía acceso.

Un día, Angelita estuvo especialmente desobediente y su tía, desesperada ante esa rebelde actitud, le había dicho como una sentencia: "¡Eres tan mala que si sigues así, el diablo te va a llevar, ya lo verás!" Angelita se encogió de hombros y no le hizo caso. ¿Qué sabía la solterona de sueños e ilusiones? Pensaba que si la tía nunca se había casado era porque tenía un carácter horrible, capaz de hacer huir a cualquier hombre por más que fuera una excelente cocinera.

La tía Ana no sabía lo que su sobrina pensaba de ella y más insistía en que el diablo la iba a castigar. "Esta muchacha tiene al demonio metido en el cuerpo, Nati —dijo un día, mientras las dos hermanas bordaban unas sábanas—. Si no haces algo ahora te va a dar muchos problemas más adelante y no la podrás controlar, yo sé lo que te digo".

Natalia se sentía entre la espada y la pared, no le gustaban esos comentarios de su hermana, pero reconocía que su hija estaba ingobernable. Y cada vez que le comentaba algo a su esposo, éste contestaba que, como jefe de familia, su obligación era trabajar y mantener la casa; la de ella, cuidar el patrimonio, hacer rendir el dinero y velar por que su hija no se desviara del buen camino... Es decir, era su absoluta responsabilidad.

Esa tarde de noviembre, Natalia había hecho un tremendo coraje por la malcriadez de su hija y la mandó a acostar temprano. Angelita, furiosa, cerró con un terrible portazo su pieza y, para hacer más grande el enojo, se acostó en el suelo. Cuando la tía Ana entró a despedirse de ella, la encontró allí. "¡Y dile a mi mamá que así voy a dormir hasta que ella venga y hable conmigo!", agregó la enojada chiquilla. Ana se limitó a pasar el recado a Natalia, quien sólo suspiró resignada: no tenía ganas de discutir.

Al poco rato, toda la casa se obscureció, pues ya era hora de descansar. El alumbrado de la calle no era muy brillante, así que, en segundos, la casa entera quedó en penumbras y el silencio se apoderó de ella. Angelita ni cuenta se dio de la hora en que se quedó profundamente dormida, estaba tan enojada que hasta se olvidó de rezar sus oraciones como todas las noches.

De pronto, unos gritos aterradores desgajaron la tranquilidad de la casa. Natalia corrió a la recámara de su hija, quien lloraba desesperada, sentada en un rincón. Al ver entrar a su madre, corrió a sus brazos pidiéndole perdón por haberse portado tan mal, por haberle dicho tantas tonterías y por enojarse. Natalia sólo la abrazaba, mientras Angelita le juraba, en medio de un llanto compulsivo, que iba a cambiar y sería obediente y buena.

Poco a poco, la jovencita se calmó y pudo explicarle a su madre que cuando se quedó dormida, sintió con claridad que una mano muy fría y grande le jalaba los pies con fuerza, se despertó bruscamente y todavía alcanzó a ver esa mano que parecía la de un demonio, con las uñas largas y muy fea, desaparecer en las sombras de la noche. A la luz de una pequeña bombilla, Natalia revisó las piernas de su hija y, efectivamente, encontró unos arañazos que aún sangraban.

Esa noche, las dos durmieron juntas y abrazadas.

Al día siguiente, fue la propia Angelita quien le contó todo a la tía Ana, concediéndole la razón de sus palabras. La jovencita jamás volvió a desobedecer ni a contestar de mala manera a su madre.

Aquella lección quedó incrustada en su mente y en su alma de por vida. Por precaución, se cambió de recámara y el diablo ya no volvió a visitarla. Sin embargo, ella decía, muchos años después, que las cicatrices de aquella experiencia jamás se habían borrado de sus piernas ni de su corazón y ahora, era ella quien aconsejaba a sus nietos portarse bien, pues de lo contrario "si sigues siendo tan malo y desobediente, el diablo te va a llevar, ya lo verás".

La bailarina del Astoria

*Q*rcelia se dirigía a su cubículo, en un edificio de la calle Nuevo León, en la colonia Roma Sur. Era tarde, estaba cansada y el trabajo aún no salía. Ansiaba descansar, quería tomar una taza de café en su casa y olvidarse de la oficina, de los problemas y de todo.

Al llegar al pasillo donde estaba su lugar, vio salir a una mujer bellamente ataviada con un vestido de noche, peinado de salón y zapatos de fino tacón, como para baile. La vio entrar exactamente a su cubículo. Arcelia la siguió, intrigada. ¿Qué hacía esa mujer allí, a esas horas y vestida de esa manera? Entró en la oficina y se dio cuenta de que estaba completamente sola. La mujer no pudo desaparecer. Un escalofrío le recorrió la espalda en un segundo y salió corriendo del lugar. A media escalera se topó con don Goyo, el velador, quien subía despacio, haciendo su primera ronda de la noche.

—¿Qué le pasa, señorita? ¿Acaso vio a un aparecido? Está muy asustada. Respire hondo para que se calme.

En la planta baja del edificio, Arcelia poco a poco se tranquilizó y le contó lo que había visto, mientras el hombre le preparaba una taza de café.

81

—¿Y por eso se asustó? Yo hasta la saludo, aunque claro, ella nunca me contesta.

—Pero, ¿cómo es posible, don Goyo? ¿De dónde saca la sangre fría para hablarle?

El hombre dio un sorbo a su café y le dijo con un suspiro:

—Ella se llamaba Asunción Velarde y era una bailarina muy bonita. Más de uno hubiera dado la mitad de su vida y su fortuna entera por recibir una migaja de sus encantos.

Arcelia lo miró asombrada, al ver los ojos melancólicos del velador.

—¿Usted la conoció?

—Sí, era una mujer bellísima, como pocas; que digo pocas, como ninguna que yo haya visto. Tenía un cuerpo de diosa: firme, sensual y su piel parecía como un durazno maduro, jugoso, en su punto, y su sonrisa hubiera cautivado al mismo diablo. Si ella era una tentación, ¡benditos los que caímos en sus garras...!

Don Goyo le mostró una sonrisa a la asustada Arcelia, quien no comprendía nada.

—Le voy a explicar para que no crea que desvarío. Hace muchos años, cuando usted ni siquiera había nacido, aquí mismo estuvo un centro nocturno que se llamaba *Astoria*, era famoso en esa época y mucha gente de otras partes del país venía a visitarlo. Yo era un chamaco imberbe, el mozo que limpiaba los camerinos y les hacía los mandados a las bailarinas. Pero en cuanto llegó Asunción, desplazó a todas las demás; ella tenía el número principal, bailaba con una sensualidad que dejaba absortos a todos los hombres. Yo no perdía la oportunidad de verla y a veces se me figuraba que bailaba sólo para mí.

"Obviamente, una mujer tan bonita y atractiva no podía estar sola; muchos hombres la perseguían, pero ella se había entregado a uno: Ernesto Bustamante de la Sierna. Era un hombre maduro, guapo y con mucho dinero, capaz de cumplirle cualquier capricho. Sin embargo, tenía un defecto: era inmensamente celoso. Yo todavía no me explico cómo siendo así se fue a enamorar de ella, que aventaba besos y risas a todos los que la veían. En lo personal, yo tuve muchos y aún los conservo en mi casa y los llevo en mi corazón.

"Pues bien, muchas veces escuché que en el camerino Asunción y don Ernesto discutían, pero esa vez fue diferente, con nada lograba ella bajarle el coraje y los gritos. Tuve la intención de entrar a defenderla, pero me contuve. ¿Quién era yo para semejante atrevimiento? No obstante, me quedé ahí, por si me necesitaba. Al rato, salió don Ernesto dando un portazo que por poco tira el lugar. Casi detrasito de él salió Asunción, con los ojos como jitomates de tanto llorar. Pero al día siguiente, los vi bien contentos, como si nada hubiera pasado.

"Así eran ellos, se enojaban y después se contentaban. A pesar de esto, yo noté que don Ernesto la celaba más, estaba más cerca de ella, por eso le tocó recibir un enorme ramo de rosas rojas que le envió un admirador una noche y eso fue suficiente para que, luego del número de Asunción, le gritara y la golpeara. Esa vez sí me animé a entrar y vi cuando él sacó un cuchillo que traía quién sabe dónde y se lo encajó en el vientre... Le juro que corrí lo más rápido que pude, pero fue inútil. Don Ernesto estaba tan enojado que la acuchilló varias veces y Asunción cayó al suelo sin que yo pudiera evitarlo.

"Desesperado, le grité al viejo que se detuviera y en ese momento reaccionó. Tiró el cuchillo y se llevó las manos a la cabeza, como si hubiera recuperado la conciencia. Cuando la vio con tanta sangre, tuvo que detenerse de la pared, estaba como borracho. ¡Mi pobre Asunción...! Siempre quise tenerla entre mis brazos... pero viva, no así".

Don Goyo cortó su relato para limpiar las lágrimas que fluían despacio de sus ojos, mientras Arcelia guardaba un respetuoso silencio.

—Ella amaba este sitio, decía que se sentía como en su casa, por eso sigue aquí. Exactamente la noche del 21 de cada mes, que fue el día de su muerte, ella recorre el lugar donde estaba el escenario, los pasillos y su camerino, que es donde está ahora la oficina de usted.

Hoy es día 21, por eso la vio, pero no le tenga miedo, ella es simplemente un pobre espíritu que desea encontrar la paz y la tranquilidad recorriendo el lugar donde fue feliz.

La ronda

*Q*uella noche inquieta y obscura cobijaba a la ciudad con un áurea de magia especial. El enorme portón de madera del Palacio de Iturbide, situado en la calle de Madero, en pleno centro de la ciudad, se había cerrado con las primeras sombras del atardecer, como sucedía a diario. Roberto Sánchez y Alfonso Martínez le daban la bienvenida a Sixto Álvarez, el nuevo velador. Si quería granjearse la buena voluntad de sus compañeros, Sixto debía hacer solo la ronda todas las noches de una semana, para que ellos pudieran dormir apaciblemente. Roberto y Alfonso se acomodaron en los sillones del siglo XIX que estaban en un pasillo y empezaron a roncar. Sixto los miró con envidia. Tomó su lámpara e inició el recorrido por aquella adusta mansión. Imaginaba quién habría sido el dueño original. ¿Cómo serían aquellas noches sin luz eléctrica, alumbradas sólo por velas? Subió las escaleras señoriales justo cuando una puerta se abría, de ella emanó un fuerte y extraño perfume que lo hizo voltear y encontrarse de frente con una bella mujer que le sonreía coqueta. Enmarcado por un cabello negro y sedoso, su rostro amable y pálido no dejaba de mirarlo. Sixto no podía apartar sus ojos de ella.

—¿Gustaríais acompañarme a la fiesta, caballero?

El velador la miró detenidamente, bajó sus ojos por el cuello delgado hasta posarlos en el generoso escote que se le ofrecía, miró aquella cintura breve y la amplia cadera, exagerada por el polizón del vestido.

—¿U-una fiesta? ¿En dónde? —balbuceó el muchacho.

Por toda respuesta, aquella mujer lo tomó del brazo y lo guió hasta una puerta que se abrió y dejó ver en su interior una alegre reunión. Había mucha gente, meseros que iban y venían con elegantes charolas repletas de comida y finísimas copas de cristal cortado desbordantes de licor. Sixto observó a los invitados y pensó que era una fiesta de disfraces, pues todos estaban vestidos a la usanza del siglo XVIII. Una orquesta tocaba piezas que él jamás había escuchado, mientras algunas parejas bailaban en el centro de aquel salón un baile que él desconocía por completo.

El velador estaba tan sorprendido por aquello que no atinaba a decir nada. La dama que lo acompañaba quiso bailar, pero Sixto le respondió con una sonrisa:

—Discúlpeme, pero yo no sé bailar esto. Allá en mi barrio nos gustan las guapachosas.

—No os preocupéis, caballero, yo puedo enseñaros —agregó ella con una sonrisa.

Dicho lo cual, la dama lo tomó de la mano y lo llevó junto a las demás parejas.

* * * * *

Apenas asomaba el sol entre las montañas cuando Alfonso abrió los ojos y vio que sólo estaba Roberto a su lado, profundamente dormido. Se desperezó y buscó con la mirada a Sixto, sin encontrarlo. Escuchó unos pasos en las escaleras y vio al muchacho que las bajaba tambaleándose. Alfonso corrió hacia él, molesto y sorprendido de verlo en ese estado.

—¿Qué te pasó? ¡Estás borracho! ¿Dónde andabas?

—En la fiesta, mano, ¿no te invitaron?

—¿De qué fiesta hablas?

—Pus de la de allá arriba, estaba bien animada, pero, ¿qué crees? Que de repente me quedé dormido y cuando abrí los ojos estaba todo bien obscuro, los gachos me dejaron solo.

Alfonso no entendía nada de lo que pasaba, sólo le preocupaba el posible regaño de sus jefes si se daban cuenta de que Sixto se había emborrachado en horas de trabajo.

* * * * *

Esa tarde, estaban nuevamente solos Alfonso, Roberto y Sixto en el Palacio de Iturbide, para iniciar la ronda diaria.

—Ahora que estás en tus cinco sentidos —le dijo muy serio Alfonso—, quiero que me digas cómo le hiciste para meter el chupe sin que nos diéramos cuenta.

—¡Yo no metí nada! Cuando subí las escaleras me encontré a una señora que salía de una puerta allá arriba y me invitó a una fiesta —repuso Sixto preocupado—. Les voy a platicar cómo estuvo la onda.

Así, en el patio central de la casona sólo se escuchó el eco de la voz emocionada del joven velador al evocar la noche anterior.

—... Y eso fue todo... Lo que sí me llamó la atención es que ella estaba bien fría, por más que se echaba sus chupes no se calentaba.

Roberto y Alfonso se miraron sin poder dar crédito a lo que Sixto acababa de contarles.

—No me creen, ¿verdad? Pero les juro que sí me sucedió, no lo soñé.

Roberto le indicó las escaleras y le dijo:

—Vamos arriba para que te convenzas de que no hay ningún salón como el que dices. Sube.

Los tres veladores subieron las escaleras hasta llegar a un largo pasillo con algunas puertas. Con su llave, Roberto abrió una de ellas y le mostró el interior a Sixto.

—¿Éste es el salón donde estuviste? Mira lo que hay dentro. El muchacho se asomó y lo único que vio fue un obscuro galerón lleno de cajas, estantes, libros y algunos objetos de arte.

—¡Por mi madre, les juro que yo estuve aquí y estaba muy diferente!

—¿Estás convencido de que no pudo ser? —agregó molesto Alfonso.

Sixto entró a la bodega, tocaba las cajas y las paredes para cerciorarse de que eran reales, que guardaban cosas pesadas y no sería fácil moverlas para arreglar y organizar una fiesta. De pronto, sus ojos se toparon con un cuadro muy bello y grande, del siglo XVIII, que representaba a una hermosa mujer de cabello negro y escotado vestido blanco.

—¡Allí está! ¡Es ella! —gritó con alegría Sixto.

—¿Quién? —preguntó ansioso Roberto

—La señora que me invitó a la fiesta, ¡es la misma del retrato! ¡Mírenla!

Roberto y Alfonso observaron aquel cuadro de autor anónimo.

—¡No puede ser! Este cuadro tiene casi doscientos años, ¿cómo crees que una muerta te va a hablar? —dijo Alfonso nervioso.

—Tienes razón, mano, pero era ella, ahora me explico por qué estaba tan fría.

Con mucho cuidado, Sixto volvió a colocar el cuadro donde estaba. Los tres salieron y cerraron nuevamente la bodega con doble llave.

* * * * *

Sixto aún suspira por la belleza de su anfitriona. Jura que todo fue verdad, aunque sus amigos no le creen. Pero si usted, amigo lector, desea corroborarlo con sus propios ojos, puede hacerlo, si logra entrar al Palacio de Iturbide durante la noche, sube las escaleras y tiene la suerte de encontrarse con la hermosa mujer de cabello negro y vestido blanco. No olvide que no se trata de una noche cualquiera, debe ser una noche inquieta y obscura, que nos cobije a todos con un áurea de magia especial.

La virgen de piedra

odas las tardes, cuando la luz empezaba a pardear y el sol le hacía guiños a la luna, doña Patrocinito se hacía llegar a la esquina que forman las calles de República de Argentina y Donceles, para encenderle su vela a la virgen. La anciana se detenía, siempre con su largo vestido negro y su chal, apoyada en un viejo bastón, tan encorvado como ella, a persignarse ante la imagen de cantera. Subía cuidadosamente al primer piso del edificio, en donde ya la conocían todos los vecinos y le permitían llegar al balcón, donde estaba la virgen, y limpiar con un trapo el hollín que había quedado de la vela de la noche anterior. Después, sacaba de los pliegues de su vestido una cajita de cerillos y encendía piadosamente el pabilo de la veladora y la colocaba al pie de la imagen. Rezaba un padrenuestro y un avemaría y, luego de santiguarse, se retiraba con paso lento.

Todas las tardes, sin faltar una, doña Patrocinito realizaba el mismo deber con el fervor de siempre. Los vecinos la saludaban y algunos hasta esperaban que encendiera la vela para acompañarla a su casa, a siete cuadras de allí. La mujer era discreta, sonriente, sin embargo, ella decía que el Señor no tardaría en llamarla a rendir cuentas y "¿quién se encargaría de su virgen de piedra?" Desde tiempos añejos, su abuela tomó esa devoción, su madre la heredó y, desde hacía muchos años, ella la continuó.

De la abuela de Patrocinito, decían las malas y venenosas lenguas, como un secreto de confesión, entre cuchicheos, que las necesidades de su cuerpo eran muchas y su voluntad muy débil. Las mujeres que se enteraron de esto, ahora ancianas, lo decían a sus nietas para que no pecaran, y los hombres, que aún guardaban el recuerdo de sus amores, escuchaban dejando escapar un suspiro de nostalgia. Exageración o verdad no se sabe, pero se decía que aquella hermosa mujer se arrepintió tanto de lo que había hecho, que juró siempre tener esa veladora ardiente, para que la flamita que emanaba de ella iluminara su camino y no volviera a perderse. En su agonía, le hizo jurar a su hija que seguiría con esa devoción, pues temía que su alma se extraviara en la bruma que lleva al infierno y no encontrara la senda del cielo.

Con los años, la hija, a su vez, también hizo jurar a su hija Patrocinio, quien cumplió fervientemente con el juramento. Para su desgracia, ella nunca fue llamada al matrimonio y el sobrino ingrato que educó al morir su hermana, sólo penas y sinsabores le dejó. Y, como era de esperarse, en cuanto aquél se hizo hombre se olvidó de la abnegada tía y de cualquier cosa que tuviera que ver con ella. Éste era el único desconsuelo de Patrocinio, no la muerte, sino su virgen.

Quiso el Dios Todopoderoso que un día aquella anciana no pudiera levantarse; las piernas le temblaban y su cabeza era un vértigo continuo. Las vecinas, en un acto de piedad, le llevaron comida y Patrocinio sólo les suplicaba que alguna le fuese a encender la veladora a la virgen. Los primeros días no faltó quien lo hiciera, sin embargo, la enfermedad de la viejecita y las obligaciones de las vecinas lograron que aquello se olvidara ante la premura de las circunstancias.

Patrocinio fue a dar a un hospital de beneficencia y lo único que repetía incesante, en medio de su gravedad, era la preocupación que tenía por la veladora de la virgen de piedra. A los pocos días, la anciana falleció llevándose en el alma el pendiente de su diaria obligación.

Los vecinos se reunieron para poder enterrarla. El día de la sepultura, la carroza fúnebre pasó frente a la virgen de piedra, cuya veladora estaba encendida con una flama tan grande y alta como jamás se había visto.

Ahora la esquina está olvidada y las facciones de la virgen se han borrado con los años y la contaminación, sin embargo, nadie se explica quién enciende la veladora, pues todas las noches ilumina el camino de los transeúntes que acostumbran pasar por allí, y más de uno jura haber visto a una anciana con un largo vestido negro y un chal que le cubre la cara, frente a la virgen, en actitud de rezar.

El padre de la Catedral

A Carmen Herrera

*L*os problemas parecían perseguirla incansables. Rebeca se sentía desesperada y triste. Por las noches, su única compañía era la soledad, aquella que pesa y produce un hueco en el alma y en el cuerpo. El otro lugar de su cama estaba vacío, su esposo acababa de morir y no podía resignarse a su ausencia. Estaba acostumbrada a afrontar todo, pero con él siempre a su lado, consolándose mutuamente, ayudándose a levantarse de las innumerables caídas y dificultades de su matrimonio. Ahora, sin él, se sentía perdida, tristemente desvalida.

Esa mañana de agosto se sentía peor que nunca. Hasta la naturaleza se confabulaba en su contra, pues llovía y tenía que ir al Centro. Se arregló después de haber llorado en la regadera toda la preocupación que no la dejaba en paz. Se miró al espejo y vio su rostro triste; su mirada era tímida, apagada, y su gesto, cansado, agobiado. Sus hijos estaban en una etapa muy rebelde y los de su esposo la miraban con coraje. Hasta ahora se daba cuenta de todo lo que la presencia de él detenía y evitaba.

Con esos ánimos salió de su casa y tomó el pesero que la llevó al metro Normal. De allí, llegar al Zócalo era cuestión de minutos y en ese poco tiempo, Rebeca se vio envuelta en la vorágine de la gente que caminaba de prisa por Venustiano Carranza y 20 de Noviembre, en medio de los vendedores ambulantes que ofrecen desde botones hasta tijeras. Como una autómata, compró las telas que necesitaba para su trabajo. Hacía esfuerzos por dejar a un lado su angustia, pues tenía que comer, salir adelante por sus hijos. Inmersa en la maraña de tiendas, gente y vendimias, Rebeca suspiró hondamente. El sol se había vuelto pegajoso después de la lluvia y los bultos crecían entre sus manos. Quería descansar de la gente, de los paquetes, de su tristeza y de la fatiga que se acumulaba en sus pies. En aquel paisaje tan citadino, sus ojos se detuvieron en la Catedral. La contempló despacio, como si fuera la primera vez, y hacia allá encaminó sus pasos.

Entró en el recinto obscuro y fresco, había poca gente. Tomó asiento en una de las primeras bancas y observó el Altar Mayor. Sus ojos se humedecieron, mientras que de su corazón salía una plegaria desesperada. Tan metida estaba en su conversación con el Creador que no vio en qué momento un anciano se sentó a su lado; se percató hasta que sintió la mano de él sobre la suya. Por instinto, estuvo a punto de arrebatársela, pero se topó con una sonrisa tan dulce y cálida que de inmediato sintió tranquilidad. Miró aquellos ojos de un azul bondadoso, el cabello blanco y las arrugas que da la experiencia. Antes de poder decirle nada, escuchó su voz:

—Tranquilízate, hija, no hay imposibles para Dios. Él te ayudará a resolver tus tribulaciones.

—¿Usted cree, padre? Es que... son tantas y tan grandes que lo único que me queda es llorar.

—Las lágrimas también son consuelo, pero acuérdate que no hay obstáculos para Él.

Rebeca le habló de toda la amargura que sentía en su corazón, le dijo todas sus penas, todo lo que había sufrido desde la muerte de su esposo y le pidió el consuelo que no llegaba a su alma. Solamente las imágenes de aquellos santos fueron testigos del llanto que corrió libremente por su rostro; así de grande era su necesidad de desahogo, de sacar esa pena que la estaba matando muy despacio.

Al terminar, aquel viejo sacerdote le habló con palabras llenas de amor; brotaban de sus labios tan dulcemente que parecía que el mismo Dios se las dictaba, al menos así lo sentía Rebeca, quien al salir de allí pudo respirar como si se hubiera quitado un gran peso de encima.

El sol de las tres de la tarde casi la cegó, en contraste con la escasa luz del interior de la Catedral. Sin embargo, eso no importaba, aquel hombre le había devuelto la calma, la paz, la había ubicado y, con ello, sus problemas habían tomado la correcta proporción dentro de su vida y de su ánimo.

Cuando Rebeca llegó a su casa era otra, tenía fuerzas para luchar, no se dejaría vencer por esa mala racha. De inmediato comenzó a arreglar las cosas, a hablar con sus hijos y los de su esposo, a escucharlos, a no dejarse llevar por el arrebato y el apasionamiento del momento. Conservó la ecuanimidad y pudo solucionar todo.

Tres meses después, Rebeca andaba en el Centro, en la calle de Venustiano Carranza para comprar las telas que necesitaba. Como meses atrás, caminó hacia el Zócalo y miró la Catedral; le pareció más bella que nunca, con sus torres rematadas en campanas, y hacia allá dirigió sus pasos otra vez. Quería agradecerle personalmente al sacerdote que la aconsejó por todas sus palabras y el consuelo que le brindó en ese momento.

En cuanto entró a la Catedral se santiguó respetuosamente. ¡Qué diferencia de aquella vez que llegó tan mortificada, tan angustiada, buscando con desesperación un poco de calma! Ahora sus pasos eran seguros, firmes, sus ojos irradiaban tranquilidad.

—Buscó por todos los pasillos y altares al sacerdote, sin encontrarlo.

Fue a la Sacristía y el sacristán se sorprendió ante sus palabras:

—Pero, ¿cómo se llamaba ese padre?

—No sé, no le pregunté.

—Es que... no hay ningún sacerdote con esas señas que me da.

—¿Está seguro? Yo hablé con él, lloré con él, no pudo desaparecer.

—Pues no era de aquí, señora. Llevo quince años en Catedral y conozco perfectamente a todos los padres.

—¿Es posible que de otras iglesias vengan a consolar a los fieles de aquí?

—No lo creo, conozco a muchos sacerdotes de las iglesias vecinas y ninguno corresponde con la descripción que usted me da.

Rebeca ya no indagó más. Se despidió del sacristán y se sentó en una de las primeras bancas, sin embargo, esta vez nadie posó la mano sobre la suya, esta vez no halló palabras de consuelo, quizás porque no las necesitaba ya.

Luego de un rato salió haciéndose mil preguntas y conjeturas. ¿Sería el propio Dios quien, disfrazado de sacerdote, le dio el sosiego que tanto necesitaba? Jamás lo sabría, pero tampoco olvidaría nunca la bondad, tranquilidad y dulzura que manaban de la mirada azul de aquel anciano que le devolvió la calma.

El inocente

A Víctor García

El tío Federico era carcelero en Lecumberri, allá por los años cuarentas cuando el *Palacio Negro* ponía la carne de gallina con sólo nombrarlo, cuando sus torres se levantaban anchas y majestuosas, cortando lo plano del horizonte como centinelas aguardando un ataque. Era un lugar que imponía, que daba temor; aunque ahora sea el Archivo General de la Nación, todavía da no sé qué pasar por allí. Me recuerda las historias de los presos que platicaba el tío Federico. Decía que no todos eran malos, que muchos estaban allí purgando condenas injustas... Bueno, eso era lo que alegaban ellos; muy pocos reconocían sus crímenes y culpas, pero no han de haber sido tan blancas palomas, puesto que estaban allí.

Uno de estos "inocentes" era Ramón López, un preso que purgaba cinco años de condena por robo. Claro que él lo negaba, pero el caso es que estaba "guardado". El tío Federico lo describía como un hombre tranquilo, no se metía en broncas con nadie. Se acordaba muy bien de él, decía que era alto, robusto, de pelo negro y chino, hasta pasaba por guapo. Recordaba que Ramón López

99

era agradable, contaba muchas anécdotas de sus correrías por el barrio de Santa Julia, la Roma, la Condesa, la Guerrero; había vivido en muchas colonias y en ese tiempo las rentas eran bien baratas y luego luego encontrabas casa. Casi podías escoger la calle en que querías vivir, no como ahora. Era otro México.

Más de una vez, el tío Federico trató de sacarle a Ramón la verdad de su delito, pero jamás lo consiguió. Sin embargo, cuando dejó la cárcel se despidieron bien: "Algún día nos hemos de volver a encontrar, don Fede —le dijo con una sonrisa de satisfacción—. Yo no soy ingrato, no olvido a los amigos y usted es uno de ellos". Agarró su maleta bien contento y se fue después de darle un apretado abrazo al tío, quien lo vio alejarse sin volver la cabeza, impaciente por recorrer las calles, por respirar el aire que estaba afuera de la cárcel y que olía muy distinto a la humedad y al fierro mohoso de Lecumberri.

Pasaron cinco años y el tío Federico seguía de carcelero. Una tarde, iba caminando por la calle de Madero, en el Centro, cuando se encontró de frente con Ramón López. Si no hubiera sido porque él mismo lo saludó, mi tío nunca lo hubiera reconocido. Andaba de traje, con zapatos de charol, sombrero, hasta parecía otro. Con su sonrisa de siempre se le acercó y, tal como le había dicho cuando se despidieron, no se olvidaba de los amigos. Lo invitó a tomarse una copa en la cantina *La Ópera*, la que está en 5 de Mayo. A mi tío le dio tanto gusto verlo que aceptó sin remilgos.

Al calor de los tragos, salieron los recuerdos, los comentarios, las confesiones y… mirando a mi tío directamente a los ojos, Ramón le dijo que sí había robado mucho dinero, que había "visitado" varias casas ricas de la Condesa, por eso conocía tan bien esos rumbos. Desgraciadamente, un soplón lo echó de cabeza en el último robo, pero se dio cuenta a tiempo y logró esconder todo en un sitio que nomás él conocía. La policía nunca encontró nada por más que buscó y volteó su casa de cabeza. El problema fue que unos ricachones alcanzaron a reconocerlo y por eso llegó a Lecumberri.

Ya te imaginarás la cara que puso mi tío cuando Ramón terminó diciéndole que ahora vivía de "sus rentas"; hasta la borrachera se le bajó. Le aconsejó que no fuera tan ostentoso, ni que anduviera presumiendo su bonanza, ¿qué tal si alguien los había escuchado? Ramón soltó una carcajada que llenó toda *La Ópera*. "Todos los que están aquí no pueden hacerme nada. ¿Y sabe por qué, don Fede? ¿Sabe por qué? —insistía—. Porque ahora tengo dinero y soy poderoso, y porque no pueden juzgarme dos veces por el mismo delito". Recordaba mi tío que cuando le dijo esas palabras, la mirada del hombre le dio miedo, sintió un escalofrío muy raro, como si estuviera con el mismo demonio. Así que prefirió cortarle por lo sano y se despidió de él. En la puerta de la cantina volvieron a darse un abrazo y cada uno jaló para su rumbo.

Habían pasado unos días y mi tío todavía seguía dándole vueltas al asunto. Se le enchinaba la piel nomás de acordarse de todo lo que le dijo Ramón, y de sus miradas...

La tarde de ese viernes, Oscar, otro de los carceleros, regresó de sus vacaciones y le preguntó si ya sabía la noticia. "No, ¿qué pasó?", le preguntó mi tío. Óscar le extendió un ejemplar de *La Prensa* de dos semanas atrás, que traía la crónica de la muerte de un hombre rico a manos de un ratero. El tío se quedó paralizado al ver que el muerto era nada menos que Ramón López. "¡No puede ser! ¡No puede ser!", repetía una y otra vez sin soltar el periódico y sin poder salir de su asombro. El amigo tuvo que zarandearlo para sacarlo de esa turbación y cuando lo logró, mi tío le dijo que apenas hacía una semana se había ido a beber con Ramón a *La Ópera*.

El pobrecito nunca se explicó qué sucedió. Él ya no vive, pero hasta el final de sus días, en cada aniversario de la muerte de Ramón, le mandaba decir su misa y le prendía una veladora. El tío aseguraba que cuando se acercaba la fecha, por las noches, en Lecumberri, oía unos pasos y juraba que eran de Ramón. Decía que hasta veía su silueta, muy elegante, de traje nuevo y con sombrero, tal como lo viera la última vez.

La bailarina del Astoria
y otras leyendas
se terminó de imprimir en julio de 2002
El tiraje consta de 1 000 ejemplares
Impreso en los talleres de TRASSO Grupo Creativo Digital,
José Revueltas No. 305 Col. Villa de Cortés
Tels. 5696 1571 5590 2625 Fax 5696 6141
e-mail: trasso@compaq.net.com
Producción gráfica de Alejandro Pizarro L.